中央高校基本科研业务费专项资金资助项目（项目编号：

乌拉圭

钻石之国的历史与文化

张笑寒 / 著

上海社会科学院出版社
SHANGHAI ACADEMY OF SOCIAL SCIENCES PRESS

序

  为积极响应教育部关于高等学校开展国别和区域研究工作的号召，北京交通大学于 2017 年 12 月成立了乌拉圭研究中心，旨在通过对中乌关系及乌拉圭政治、经济、文化、对外关系等领域的研究，为有关政府部门提供决策依据，服务国家战略和外交大局，助力"一带一路"建设，成为中乌两国民相亲、心相通的桥梁。2018 年恰逢中国与乌拉圭建交 30 周年，同年 4 月，乌拉圭研究中心在北京交通大学正式揭牌成立，以深入了解乌拉圭并使国人加深对乌拉圭的了解，这不仅仅是双边外交的战略需要，也是我国西班牙语院校的责任所在。

  乌拉圭以其优美的自然风光和安定的社会环境，获誉为"南美瑞士"；又因其形似宝石而又盛产紫晶石，获誉为"钻石之国"。1988 年 2 月 3 日，中华人民共和国同乌拉圭东岸共和国建交。建交以来，两国关系发展顺利。两国保持各层次往来，在国际事务中相互理解和支持，并建立起长期稳定、平等互利的友好合作关系。

本书以乌拉圭国情为研究对象，谈古论今，深入浅出，以历史发展进程为时间线，力求全面严谨地从政治、历史、经济、社会、文化等方面介绍乌拉圭，旨在增进读者对于乌拉圭历史文化、自然地理、人文风情以及社会经济的了解与认知。中乌两国自建交以来，尤其是近些年来，中国已经成为乌拉圭第一大贸易伙伴国，乌拉圭成为中国多种农业产品供应大国，两国经济互补性强，经贸关系发展迅速。空间上的遥远距离已无法阻隔我们与这个远在南美的国家建立越来越紧密的联系。

愿广大读者乘着这本书籍的翅膀飞向这个美丽的南美国度，一睹其精彩。

最后，诚挚地感谢居丽坤、沈玥、王振宇在此书编写过程中所提供的帮助，感谢支持我的父母、爱人与儿子，愿我们都能在书中寻到自己的收获。

张笑寒

写于 2020 年 6 月 9 日

目 录

第一章 前哥伦布时期的乌拉圭　　1

前陶器时代的加泰兰文明　　3

巨石纪念碑　　3

石刻文明　　4

科洛尼亚·康考迪亚地区的墓葬　　5

乌拉圭的瓜拉尼人　　5

阿拉查人　　8

巴拉那文明的两个阶段　　10

印第安查鲁亚人　　11

第二章 殖民地时期的乌拉圭　　19

始于香料　　21

寻找海峡　　22

秘鲁之谜与拉普拉塔河　　25

西班牙在印第安的"大省"　　28

征服土地　　29

畜牧带	34
边界带	38
蒙得维的亚——战略制高点、政府和港口	41
东岸地区的历史方程式	46

第三章　乌拉圭独立之路　51

乌拉圭独立战争	53
乌拉圭的独立	61
乌拉圭独立战争时期的社会与经济	62
乌拉圭独立战争时期的文学与艺术	63

第四章　独立初期的乌拉圭　67

1830年《宪法》	69
乌拉圭独立初期的内战与冲突	70
乌拉圭独立初期的社会与经济	78
乌拉圭独立初期的文学与艺术	80

第五章　现代民族国家的诞生　83

军人政府时期	85
文人政府时期	89
乌拉圭19世纪末期的社会与经济	90
乌拉圭19世纪末期的艺术与体育	94

第六章 现代民族国家的建立与发展 103
何塞·巴特列·奥多涅斯执政时期的乌拉圭 105
加夫列尔·特拉独裁统治时期 113
现代民族国家时期的艺术发展 116

第七章 第二次世界大战后至1973年
的乌拉圭 127
新巴特列派 129
社会发展停滞与危机 133
第二次世界大战后乌拉圭的艺术 138

第八章 军人专政时期的乌拉圭 149
1973年政变与军人专政时期 151
过渡时期 154
军人专政时期与过渡时期的社会和经济 155
军人专政时期与过渡时期的文化和艺术 159

第九章 民主化的乌拉圭 165
桑吉内蒂政府（1985—1990年） 167
拉卡列政府（1990—1995年） 172
桑吉内蒂政府（1995—2000年） 177
豪尔赫·巴特列政府（2000—2005年） 182

第十章　当代乌拉圭　187
塔瓦雷·巴斯克斯政府（2005—2010年）　189
何塞·穆希卡政府（2010—2015年）　194
塔瓦雷·巴斯克斯政府（2015—2020年）　199

第十一章　当代乌拉圭的经济　207
当代乌拉圭的经济概况　209
当代乌拉圭的产业概况　211
当代乌拉圭的对外经济贸易概况　216

第十二章　当代乌拉圭的文化　221
当代乌拉圭文化的概况　223
当代乌拉圭的文艺　226
当代乌拉圭的体育　234

第十三章　当代乌拉圭的科技及医疗卫生　239
当代乌拉圭的科技　241
当代乌拉圭的医疗卫生　244

参考文献　249

第一章　前哥伦布时期的乌拉圭

前陶器时代的加泰兰文明（Catalanense）

乌拉圭领土上丰富的动物群落为狩猎者、定居民族、半定居民族、游牧民族的生存提供了丰富的自然资源。在这其中有一个民族备受瞩目。虽然它的分散地区面积很小且不规律，但是它的中心——一个矿藏丰富的工坊——在西北部加泰兰地区（Catalán）具有一定的重要性和影响力，因此这个民族的文明被称作"前陶器时代的加泰兰文明"，也有人把它称作"早期的制陶工业"。

加泰兰文明陶器的许多类型都带有旧石器时代做工粗糙的特点：只有一面或者边缘是加工过的，很少进行双面加工，表面平淡，鲜加装饰。为了能够承受敲打，陶器经常雕刻成一大块作为刮板来使用，还被做成扁桃仁形状的一侧锋利的刮具，但是很少被制成武器，如箭或长矛的头部等。

巨石纪念碑（Monumentos megalíticos）

据粗略记载，乌拉圭出现过不同种类的巨石纪念碑。这些纪念碑可以分为两种：一种被称为"土堆"，它和如今通俗地被叫作"地震"或者"印第安人的小丘"的小山很类似；另一种被称为"石冢"（cairn），它是由石头垒起来的土著居民墓地，但应该注意不要将它与比查德罗（vichadero）混淆。比查德罗依靠乡村的石墙，围成环形的一圈，形状类似塔楼。

石刻文明（la cultura zoolítica）

乌拉圭的大西洋沿岸地区曾出现过石刻文明，其石刻模型的种类与巴西的十分类似，可能是巴西石刻文明的延续。乌拉圭的石刻模型中，鸟形石刻占 3/4，鱼形石刻占 1/4；巴西也有鸟形石刻，但更多的是鱼形石刻。乌拉圭的石刻模型极具艺术价值：呈经典的莲状或板状，腹部凹陷（在异常的情况下可能出现侧部凹陷）。凹陷处很可能是用来燃烧草药或者具有麻醉效果的药粉。目前巴西部分亚马逊部落的土著居民中仍沿袭着这一习俗。

在乌拉圭领土的西侧，离海洋 400 多千米的梅塞德斯地区（Mercedes），发现了人形石刻。它的形状——莲状或板状，腹部凹陷——暗示了它与阿根廷西北部地区和巴西地区的石刻有关系。人形石刻艺术在造型上十分完美，是乌拉圭地区独特的文化遗产。大西洋沿岸的这种石刻模型可被认为是圭亚那人向南侵略过程中留下的印迹。

科洛尼亚·康考迪亚地区（Colonia Concordia）的墓藏

科洛尼亚·康考迪亚地区隶属于索里亚诺省（Soriano）。该墓穴于1945年被挖掘，出土的文物与阿根廷的凯兰迪人（querandí）有关。

墓藏中有59具大体完整的人类骨架遗骸和异常丰富的骨制器具。与此同时，石制器具比较稀少，没有发现其他墓藏中时常出现的箭的头部，但是陶器碎片数量很多，且种类多样，装饰精美。

此外，这是唯一一个出土大量鹿角的墓藏。鹿角分叉的两端被有意凿出圆形的孔洞，用于将绳分成两股。

乌拉圭的瓜拉尼人（guaraní）

在西班牙殖民者进入美洲大陆之前，瓜拉尼人生活在拉普拉塔河流域及巴拉那河下游的广阔土地上，后来渐渐地集居于今天的巴拉圭境内。

大多数瓜拉尼人生活在农村，每个村庄里有120—130个棕榈叶搭盖成的茅屋。茅屋没有窗户，因此屋内光线很暗，瓜拉尼人则睡在芦苇编织而成的床板上。瓜拉尼人每日以玉米饼和玉米粥作为主食，除此之外他们还会用玉米做20多种食物。他们使用的陶器多为自制，很少用金属器皿。瓜拉尼人没有我们今天所熟悉的"盐"，烹饪时常常在锅里放把木炭灰用于调味。他们没有华丽的服饰，人人衣着简单。男人穿裤子，披斗篷；妇女上身和下身各裹一块布；12岁以下的孩童通常光着身子。瓜拉尼人流行唇饰，将树脂、石头或骨头制成的10—15厘米长的小棍装饰在嘴唇上，妇女还喜欢佩戴贝壳做的三角形耳饰。值得注意的是，人们身上的不同装饰是其社会地位的象征，例如部落酋长脖子上挂的是银质或铜质的项圈。瓜拉尼人至今依然保留着文身的习惯，即用煤炭和蜡的混合物在脸上涂抹点状和线条花纹。

瓜拉尼男孩到了14岁要举行"成丁礼"。在受礼者的下唇被部落酋长用利刃刺破的同时，周围参加仪式的男人们一同求神保佑其免受死难。在连续3天只吃玉米粥之后，受礼男孩就成了大人，有权利与其他成年人平等交谈。13岁的女孩同样也要经受考验。她们须躲在屋子的墙角，用一道屏风与其他人隔开，整整3个星期不得出来。在这期间，女孩不能说话也不能发笑，眼睛要一直紧盯地面。她们的饮食被严格限制，只能吃极少量的食物，只要不被饿死即可。只有村里德高望重的人可以择时前去探望她，传授给她将来做贤妻良母的经验。瓜拉尼人不能自由选择恋爱对象，婚姻全由父母包办。

瓜拉尼人十分看重人与人之间同甘共苦、和谐融洽的关系。下地劳动或在家中照料孩童时，姐妹之间都互相帮助；外出打猎时，兄弟们同去同归，所获食物平等地分享给父母两系近亲成员。他们过着集体主义式的生活，从不计较个人财富的多少。①

瓜拉尼人有陪葬的习俗：把死人用过的物品装入木匣，同尸体一起埋葬。有些瓜拉尼部落习惯于把死人埋葬在他生前居住的茅屋里，然后弃屋而去。瓜拉尼人殡葬用的陶器上多种多样的图案很可能产生于西班牙人到来之前。这些陶器有的是纯色的；有的是白底配红色或黑色的线条；有的图案像鱼鳞——一些浮雕线条平行排布，线条由于制作时手指和黏土之间的压力而出现曲折。这些图案都是瓜拉尼人所用陶器的典型特色，广泛出现于乌拉圭境内内格罗河（el río Negro）的岛上和拉普拉塔河（el río Plata）中段的河岸。这些图案明确地表明了在征服阶段，甚至可能是更早的时期，瓜拉尼人在乌拉圭这片土地上的入侵以及长时间的停留与占领。

瓜拉尼人时常入侵乌拉圭，并且可能和查鲁亚人（charrúa）共存过一段时间，但双方并不是和平相处。众所周知，瓜拉尼人有食人的习性，因此如果西班牙探险家胡安·迪亚斯·德索利斯（Juan Diaz de Solís，1470—1516）被土著人吃了这一富有争议的事件是真实存在的话，肇事者应该是瓜拉尼人，而不是查鲁亚人。

乌拉圭境内，特别是北部地区河流、小溪、山丘、山脉的命名反映了瓜拉尼人的语言在东岸地区的渗透。但是这一瓜拉尼语命名潮有可能并不是发轫于瓜拉尼人本身，而很可能是他们之后的人：比如传教士，他们不止一次跟随基督首领来到乌拉圭，确保他们的

---

① 刘瑞常：《刺唇纹身的瓜拉尼人》，《世界知识》1983年第15期。

西班牙殖民地免受葡萄牙的占领；又比如 18 世纪末期来乌拉圭定居的移民，包括一些瓜拉尼人和传教士的后裔，他们来乌拉圭时已经取好了教名，并有了基督教的家庭，他们的名字是西班牙语，姓氏是瓜拉尼语。瓜拉尼语属于图皮-瓜拉尼语系（Tupí-Guaraní），在哥伦布发现美洲之前，它遍及大西洋与安第斯山区之间以及亚马逊河与拉普拉塔河之间广袤的南美大地。它是一种跨部落的语言，在使用者当中享有崇高地位。16 世纪西班牙人开始征服美洲时，他们考虑到了瓜拉尼语的作用，所以将其定为殖民用语。但是，与西班牙语及其文化的相遇也迫使瓜拉尼语进行调整和转变，首当其冲地，它不得不变成了一种书面语言。尽管如此，它依然主要是一种口语，与使用者的日常生活和工作保持着紧密的联系。

阿拉查人（arechanes 或者 arachanes）

对于阿拉查人的存在，唯一的基础信息来自巴拉圭的史学家鲁伊·迪亚斯·德古茨曼（Ruy Díaz de Guzmán，1559—1629）。他于 1612 年发表文章指出：阿拉查人是图皮民族（tupí）的一部分，是查鲁亚人和圭亚那人的敌人；人口数为两万，居住在乌拉圭东部，格兰德河（el Río Grande）的两岸，这恰好也是我们之前提到过的石刻文明出现的地区，由此可以推断，石刻文明极有可能是阿拉查人创造的。

在此需要补充说明一下图皮文明，通常被称为塔佩人（tape）

的土著人在乌拉圭分布广泛，他们自殖民时期以来已经文明化，是真正的图皮人。图皮文明和瓜拉尼文明一起组成了"瓜拉尼-图皮文明"（guaraní-tupí），也有学者称之为"图皮-瓜拉尼文明"（tupí-guaraní）。

根据鲁伊·迪亚斯·德古茨曼的说法，图皮人和阿拉查人之间唯一的区别在于阿拉查人的头发卷曲向上。佩德罗·德安赫利斯（Pedro de Angelis，1784—1859，阿根廷史学家）在1836年发表的文章中指出阿拉查人伶俐而肥胖，虽然他们现在不存在了，但是他们的名字表明他们曾经占领过的地区：ara代表"天"，chane代表动作"看见"，因此Arachanes是一个看见天空破晓的民族，也就是说一个东部的民族。达尼洛·安通（Danilo Antón，1940—，乌拉圭地质学家、地理学家、作者）认为乌拉圭东部、巴西南部的土著人遗址与阿拉查人有关。安赫尔·萨农（Ángel Zanón）将阿拉查人在17世纪的灭绝归因于巴西淘金人（Bandeirantes）。

也有学者不认可阿拉查人存在。达尼埃尔·比达特（Daniel Vidart，1920—2019，乌拉圭人类学家、作家）在1996年发表的文章中指出阿拉查人只存在于想象之中，是历史的幻觉，是鲁伊·迪亚斯·德古茨曼众多凭空创造物当中的一个。古斯塔沃·贝尔德西奥（Gustavo Verdesio）在2005年发表的文章中赞同达尼埃尔·比达特的看法。赫尔曼·希尔·毕加阿密（Germán Gil Villaamil）在1982年发表的文章中指出没有任何证据表明阿拉查人曾在乌拉圭定居。

巴拉那文明（paranaenses）的两个阶段

巴布罗·塞拉诺（Pablo Serrano, 1908—1985，西班牙雕塑家[1]）将巴拉那文明分成两个阶段：低级阶段和高级阶段。他将低级阶段称为"基础的海岸生存方式"，将高级阶段称为"巴拉那人灵活的生存方式"或者"岸边的灵活生存方式"。巴拉那文明在阿根廷广泛分布，并对乌拉圭有着深远的影响。在乌拉圭西南部的内格罗河和乌拉圭河的支流、拉普拉塔河的上游和中游这些地方已经发现并且正在发现更多的巴拉那文明遗迹。

初级阶段的巴拉那文明在乌拉圭留下的陶器普遍是球状或者类似的形状。为了描述它的装饰，以下摘录厄渡阿尔多·F. 阿科斯塔·伊拉拉（Eduardo F. Acosta y Lara, 1917—2014，乌拉圭历史学家、人类学家[2]）的一段概括：

> 高级阶段的巴拉那文明的特点是钟形、兽形和人形的陶塑，其中兽形陶塑最多，人形陶塑最少。这些陶塑集中出现在巴拉那河下游地区。乌拉圭不断出土的陶塑有动物造型的（主要是鹦鹉，但也有其他的鸟类、两栖动物、蛇和哺乳动物），有带提手的。兽形和人形的艺

---

[1] https：//es. wikipedia. org/wiki/Pablo _ Serrano.
[2] https：//de. wikipedia. org/wiki/Eduardo _ F. _ Acosta _ y _ Lara.

价值都是开创性的：兽形有在萨乌丝港（Puerto del Sauce）发现的雕鸮（一种猫头鹰），人形有在新帕尔米拉（Nueva Palmira）附近发现的一个女性头部，戴着项链和有花边的帽子，极其优雅而风格化。其实除了这两种，还有一种陶器也很精美，那就是小口大肚瓶，它整体是一个拉长了的圆柱形，一端平滑地缩为牢固的颈部，口部有宽沿。

印第安查鲁亚人（charrúa）

查鲁亚人是生活在现代乌拉圭区域的美洲原住民，也分布在邻近地区，如阿根廷的恩特雷里奥斯和巴西的南里奥格兰德州。据考证4000年前查鲁亚人便南下移居此地。他们是半游牧民族和采集者，随着自然环境不断变迁居住地，所以他们被称为季节游牧民族。

查鲁亚人的皮肤是所有拉丁美洲印第安人中颜色最深的，几乎接近黑色，但是也有深红色和橄榄色。在如今乌拉圭的混血人种中，最明显的来自查鲁亚人的特征是身材高大。即便是对于那些身材比较矮小的查鲁亚人，其特点也表现在：身形笔挺、身材结实、肌肉发达、身体有些僵硬、面孔紧致而坚毅、脸颊消瘦、颧骨突出。瓜拉尼人后裔的特征则刚好相反：身材矮胖、弱小、身形近似圆形、面部肿胀——这些人大多分布于乌拉圭西部地区，比如说派桑杜（Paysandú）、梅塞德斯（Mercedes）、多洛雷斯（Dolores）。18世纪末期到19世纪初期，在瓜拉尼人古老教区登记宗教起名、结婚、葬礼的册子中，很大一部分姓氏都是瓜拉尼人所独有的，可以根据宗谱追溯到巴拉圭河或者传教地区；另一部分则属于西班牙人。

查鲁亚人住在由灯心草搭建的茅屋里，屋内的屏风也是灯心草做的。据记载，茅屋有5种类型：带有水平天花板的、呈蜂窝形状的、呈加长的圆柱形且有圆顶的、更大的加长圆柱形有圆顶且带有两道半圆形门闩的、带有屏风的等。西班牙人在东岸地区引入牛群之后，查鲁亚人在屋内的拱上覆盖了一层牛皮。查鲁亚人已经制作出了小艇、桨、用于捕猎的网，他们还会加工鹿肉、鱼肉。

1531年，洛佩斯·德索萨（Lopes de Souza）说："在查鲁亚部落，这些土著人流着泪，唱着悲伤的歌来迎接我们。"据记载，除了这种在原始部落十分常见的带着眼泪的打招呼方式，查鲁亚人还擅长唱歌，并且有着忧郁的性格。他们有比较基础的音乐和舞蹈。歌词有很多种：战争前、战争中和战争胜利后的，为了配合号、喇叭和鼓的，战争中配合身体运动的（包括在地上蹲、摔倒之后再站起来等）。但是考古学家还没能区分出他们的各种乐器，也还没找到海螺等从海滩上带来的、偶然之间作为号角来使用的器物。1812年，安东尼奥·迪亚斯（Antonio Díaz）将军在查鲁亚人的一场可能是战争的开始的重要活动中，亲眼看到并亲耳听到了攻击之前的合唱（男人们大声的叫喊），酋长随着旋律在跳舞，女人们在唱颂歌，还有一场神圣庄严的人们自愿结盟的静默不动的仪式。

查鲁亚人治疗病人时会让他呕吐，为的是将一些邪恶的鬼怪从身体里驱逐出来。此外，查鲁亚人还崇拜月亮，会在旅途中运输一些族人的尸体。他们相信灵魂的存在，并且崇拜这一高尚的精神。查鲁亚人也有对于过去的概念，他们记得祖先们受过的磨难，记得过去所有经历教会他们的道理。一个查鲁亚小孩长到懂事的年龄后，他的父母或者亲人就会跟他讲述残暴的西班牙人征服这片土地的历史，虽然由于叙述者的想象，某些事实会被夸大。

查鲁亚人的一些习俗和做法十分残忍，对于后来传入的基督教也十分抵触。关于他们的残忍有这样一些传说：每有一个敌人要杀他们，他们就会用石刀在自己的身体上留下一个伤口；每失去一个亲人，查鲁亚男人和女人就会砍掉一根手指或脚趾；当父亲去世后，查鲁亚女人会用死者的有手臂那样长的长矛刺自己，直到身上满是伤疤，男人会用芦苇杆、鸵鸟羽毛或者鱼刺从拳头一寸一寸穿透到肩膀。这些传说中提到的工具和材料很可能是某种祭祀活动的图腾变体，这也证明了查鲁亚人和周边的其他部落具有亲缘关系。

表1 查鲁亚语、查纳语、圭诺阿语和西班牙语的部分词汇比较

CHARRÚA	CHANÁ	GÜENOA	CASTELLANO
yu	gil	yut	uno
san	sam		dos
detí o datit		detit	tres

续 表

CHARRUA	CHANÁ	GÜENOA	CASTELLANO
betum			cuatro
betumiú			cinco
betum san			seis
betum detí			siete
betum arta san			ocho = (¿cua-tro veces dos?)
baquiú			nueve = (¿me-nos uno?)
guaroj			diez = (¿ mano cerrada?). Es probable, pues contaban con las manos, y *guar* significa-ba mano.
ej	hek		boca
	¿guareptí?	¿guar-ete?	¿quién es?
		¿guarete?	¿cómo?, o ¿cuándo?
		hum	me, a mí
	umptí		mío
	rambui	amptí	nosotros
		ramptí	nosotras

查鲁亚人的社会结构里有4个群体：查鲁亚、查纳（chaná）、圭诺阿（güenoa）和米努安（minuán）。他们可能是胞族（fratría）的关系，因为每个群体所使用的语言都是他们所共有的一个语言的一种方言，或者说都是同一个语族的语言，并且很多亚群体很可能只是这四个胞族中的氏族（clan）。氏族看上去是内部通婚的，虽

14

然哥哥不与亲妹妹结婚。氏族也肯定是信仰图腾的，正如前文提到的墓葬礼仪中出现的芦苇、鸵鸟和鱼。但是研究发现，除了这些，作为图腾的标志还包括美洲豹、鹿和美洲狼，卡拉卡拉鹰（caracará）也是某一个氏族的图腾。每一个氏族内部都有一位被称为挞伊塔（taita）的酋长和一位年老的智者。但是他们的决策不是必须强制实施的。对于所有的氏族来说，有一位地位最高的酋长；对于所有的胞族来说，也有一位地位最高的领袖。1831年，所有胞族的领袖再一次属于查鲁亚人。安东尼奥·迪亚斯（Antonio Díaz）将军将查鲁亚人称为"战无不胜的最高领袖"（super cacique Vencel）。

查鲁亚人能数到10。对于1—4这四个数字，他们每一个都有专门的词汇。然后5表示为"4＋1"，6表示为"4＋2"，7表示为"4＋3"，8表示为"4×2"。他们将一只手上的手指反复数两次得到10，因此10表示为"闭合的手"，9则表示为"减1"。

表1比较了查鲁亚语（charrúa）、查纳语（chaná）、圭诺阿语（güenoa）和西班牙语（castellano）的部分词汇。

在考古发掘中，查鲁亚人的手工艺品大多是石制的，几乎都雕刻有花纹。但是也有木制的和骨制的。陶瓷制的虽然没有石制的多，但是比木制的和骨制的丰富很多。查鲁亚人的陶瓷是在乌拉圭的土地上所发现的装饰品中最简单而原始的。他们会寻找最好的染料、矿物、植物来为陶瓷上釉。乌拉圭北部和南部的许多地区出现了刻在石头表面的花纹，萨尔托格兰德地区（Salto Grande）的石块长11—22厘米，双面都有花纹雕刻。由于查鲁亚人经常在这一地区活动，而且装饰为丰富的几何形状，所以可以推测是查鲁亚人制作了这些石刻。这些极具风格的弯曲线条和人物形象还反复出现在他们的壁画、陶器和毯子的花纹上。和很多其他的原始部落一样，壁画上的人物形象象征着薪火相传的部落后代。

大约17世纪和18世纪，在与西班牙人和葡萄牙人接触的过程中，查鲁亚人变得十分野蛮。他们醉心于突袭周边的印第安部落，奴役他们，将他们卖给城市的居民来换回酒。查鲁亚人一直没有皈依基督教，也从未被征服。因此从事实上可以判定，查鲁亚人虽然人数不多，但是在反抗西班牙人征服的过程中，他们比庞大的墨西哥和秘鲁帝国作出的贡献更大。乌拉圭民族英雄和独立运动领袖何塞·赫瓦西奥·阿蒂加斯（José Gervesio Artigas）也曾追随过查鲁亚人。当时他还在西班牙的管理体制内服务，而查鲁亚人却在掠夺乡间别墅，他们的大酋长在一场大革命中成为领袖。虽然不能理解这位领袖的全部理想，但是不只是查鲁亚人，包括瓜拉尼人、查科人（chaqueño）在内的印第安人都知道这将是一场为了自由而战的伟大的反抗运动，也预示着一个崭新土地的诞生。他们将得到庇护，并且可以融入其中，他们的权利也会得到尊重。

然而，随着何塞·赫瓦西奥·阿蒂加斯逐渐退出历史舞台，1831年，继续生活在土著人驻营地的查鲁亚人被独立后的乌拉圭消灭了。查鲁亚人带着疯狂的英雄主义拼命地抗争，但最终还是投降了，他们的语言也就此消失。一些残余的查鲁亚人在科连特斯

（Corrieates）避难，在那里，一支查鲁亚氏族的最后几名成员可能将他们语言的生命延长了一段时间。另一些查鲁亚人逃亡到了巴西南部——一份1893年的地图上还标记了他们的位置。1831年，很多被俘虏的查鲁亚女人被送往蒙得维的亚从事家政服务工作。如今，查鲁亚人的后裔分散于乌拉圭的各个街区，构成了这个国家人口的很大一部分。虽然他们骨子里还保留着查鲁亚文明的精髓，但是外行人已经很难通过着装和习惯区分出他们了，他们的面部特征可能是这个族群最后残存的痕迹。

第二章 殖民地时期的乌拉圭

始于香料

对于美洲大陆的发现起源于对于香料的追寻。西班牙的天主教双王——卡斯蒂利亚女王伊莎贝拉一世 (Isabel de Castilla) 和阿拉贡国王费尔南多二世 (Fernando de Aragón) 夫妻二人——授命哥伦布去寻找印度，开拓沿途的岛屿和海上坚固的陆地，也就是著名的地理大发现，这也反映出在那个年代经济动因与政治、宗教动因同等重要。如果不是出于对香料的渴望，西班牙双王不一定会同意哥伦布沿大西洋向西进行的探险。然而哥伦布并没有到达印度，一个辽阔的大陆阻挡住了他，这也是上天赐给他的荣耀。

在同一时期，葡萄牙不仅从 1498 年开始统治卡利卡特 (Calicut)，从 1500 年开始统治巴西，并且统治了马来半岛 (la península de Malaca)——半岛上出产肉豆蔻和丁香——还将首都里斯本变成了欧洲的巨大商业中心。16 世纪的大部分时间里，欧洲与远东之间的丝绸和香料贸易被葡萄牙人垄断着，这样的时代推动着西班牙也不甘示弱，参与到巨额利润的竞争当中。

西班牙双王之一卡斯蒂利亚女王伊莎贝拉一世于 1504 年去

世。她的女婿费利佩（Felipe）主张派遣一支探险队伍去东方，这激化了阿拉贡国王费尔南多二世和西印度交易所（la Casa de Contratación de Sevilla）之间的矛盾，使得整个探险计划推迟。费利佩于 1507 年去世，由于卡斯蒂利亚女王伊莎贝拉一世继承人胡安娜（Doña Juana）的无能，其父费尔南多二世自己掌握了卡斯蒂利亚的统治权。这位果断的国王立即确定了前往东方的航行，既为了撼动葡萄牙在香料运输上的垄断地位，也为了扩张卡斯蒂利亚统治的陆上与海上领土。为此，他成立了一个顾问委员会，成员包括阿梅里科·贝司布西奥（Américo Vespucio）、文森特·亚涅兹·滨松（Vicente Yáñez Pinzón）和胡安·德拉哥萨（Juan de la Cosa）。后来胡安·迪亚斯·德索利斯（Juan Díaz de Solís）也加入了其中。

寻找海峡

卡斯蒂利亚宫廷委托胡安·迪亚斯·德索利斯穿过卡斯蒂利亚德尔奥罗（Castilla del Oro）背后的海峡，并从那里继续向前 1 700 西班牙海里（leguas，约合 9 350 米），一直航行到摩鹿加群岛（las Molucas）又称为香料群岛。胡安·迪亚斯·德索利斯指挥着一个由 3 艘大船和 100 多人组成的探险队伍，包括副船长弗朗西斯科·德托雷斯（Francisco de Torres）、皇家军官弗朗西斯科·德马吉纳（Francisco de Marquina）和会计兼文员佩德罗·德阿拉贡（Pedro de Alarcón）。1516年1月，胡安·迪亚斯·德索利斯沿圣玛丽亚河（río de Santa María）航行，16日抵达了圣塞巴斯蒂安岛，即如今的罗博岛（isla de Lobos）。根据文员佩德罗·德阿拉贡的记载，他们从那里继续向北航行了7夸德拉（cuadras，距离单位，为1/4海里），于2月2日在马尔多纳多小溪（arroyo Maldonado）的岸边下船。他们将这块区域命名为"我们圣烛节的圣母"（Nuestra Señora de la Candelaria，圣烛节为2月2日的天主教节日），并立起了一个木制十字架，代表卡斯蒂利亚王国的占领与统治。

他们继续向西探险，将两艘船停在了圣加百利岛（isla de San Gabriel）。第3艘船则到达了马丁·加西亚岛（isla de Martín García），一个叫马丁·加西亚的船员在那里去世并被埋葬。随后，胡安·迪亚斯·德索利斯和一小队船员下船去探索这块土地，却不幸地遭遇到土著人的攻击，这些土著人用箭袭击了他们，胡安·迪亚斯·德索利斯和几乎所有同行的船员都遇难了，只有见习水手弗朗西斯科·德浦尔多（Francisco del Puerto）侥幸逃进了山里，并在原始条件下生活了很多年。副船长弗朗西斯科·德托雷斯面对这一打击，冷静下来后果断接任了领导权并决定即刻返航。为了纪念去世的航海家们，他们将这条河命名为索利斯河。

接下来的几年，对于年轻的国王卡洛斯一世（Carlos I）来说，为了在南边的海域划分卡斯蒂利亚王国和葡萄牙的势力范围，继续向东方寻找获得香料的航道十分重要。于是他同意来自葡萄牙的海员赫尔南多·麦哲伦（Hernando de Magallanes）通过海峡去往东印度群岛，并在1518年3月26日签署了相应的协议书。赫尔南多·麦哲伦指挥着5艘大船，驶向新世界。1520年1月10日，他们在索利斯河上远远望见一座形状像草帽的山。"圣地亚哥号"船上的胡安·罗德里格斯·塞拉诺（Juan Rodríguez Serrano）深入河滩一直航行到乌拉圭河（el Río Uruguay），确定通过这条河道并不能找到海峡，于是又折返回来。

探险队随后向南航行，停留在圣胡利安海湾（la bahía de San Julián）来度过寒冷的冬天。熬过严寒之后，赫尔南多·麦哲伦将一些叛乱者留在了海湾或者处死，接着带领4艘船继续航行——"圣地亚哥号"船在海湾沉没了。最终，1520年11月1日，他们进入了麦哲伦海峡。在海峡的一个岔路口，麦哲伦派"圣安东尼奥号"船去勘探，不料这艘船却在半路逃回了西班牙。麦哲伦和剩下的船员在海峡里航行了将近1个月，终于到达了"南海"。由于这片海面风平浪静，和刚刚经过的海峡完全不同，于是麦哲伦将它命名为"太平洋"。在太平洋上忍饥挨饿了3个多月，他们到达了马里亚纳群岛。在那里，麦哲伦与宿雾岛的首领建立了友谊，并使得他和他的家人都皈依了基督教。麦哲伦还插手宿雾岛与麦克坦岛的部落战争，最终于1521年4月27日在战争中牺牲。于是，西班牙人胡安·塞巴斯蒂安·德加诺（Juan Sebastián de El Cano）取得了领导权。由于缺少船员，他破坏并舍弃了"康塞普逊号"。在东印度群岛，他们如愿以偿地收获了大量的香料。西班牙人胡安·塞巴斯蒂安·德加诺将"特里尼达号"派往巴拿马（他自己无法前往，因为当时巴拿马被葡萄牙人占领）之后，开始准备返回西班牙。1522年9月22日，"维多利亚号"穿过好望角抵达西班牙，此时船上只剩约有17名船员。至此，第一次环球航行结束，此次航行也使地圆说得到了证明。

秘鲁之谜与拉普拉塔河

美洲大陆逐渐向世人揭开了她神秘的面纱。胡安·塞巴斯蒂安·德加诺航行归来的消息传遍了整个欧洲，引发了欧洲人民极大的热情，与此同时，葡萄牙皇室正为在殖民政策上的巨大失败而深感懊恼。在西班牙，乐观主义复活，人们计划着新的获得香料的航行，在拉科鲁尼亚（la Coruña），富人克里斯托瓦尔·德哈罗（Cristóbal de Haro）领导组建了西印度交易所。于是葡萄牙派大使向卡洛斯五世（Carlos V）提出反对立即交出东印度群岛，如果后来证明东印度群岛确实属于西班牙，葡萄牙必定归还。1524年两国在巴达霍斯（Badajoz）举行谈判，双方皇室都派遣了各自的法律学、宇宙学、航海学方面的专家前去参加，但是双方没有达成任何共识。

这场悬而未决的外交谈判为葡萄牙争取了时间，克里斯托瓦尔·哈克斯（Cristóbal Jacques）指挥着一支训练有素的海军，以抵御巴西海岸法国海盗的入侵为借口，进入美洲。这支军队在圣维森特（San Vicente）将梅尔克·拉米雷斯收编为他们与土著人之间的翻译，1525年这支军队探索了拉普拉塔河的河滩，之后便返回了里斯本。然而此时在西班牙，皇室还在操心着获取香料的航行，对于葡萄牙的入侵毫无察觉。西班牙野心十足的克里斯托瓦尔·德哈罗在安德拉德（Andrada）和阿隆索·德萨拉曼卡（Alonso de Salamanca）伯爵的支持下，成功说服卡洛斯五世同意他前往拉普拉塔河探险。1526年1月15日，蒂亚戈·加西亚·德莫格（Diego García de Moguer）指挥探险队前往加那利群岛，但是他们行程迟缓，在那里一直停留到了9月，于次年1月才到达圣维森特。

当时西班牙皇室的兴趣在1525年3月4日与威尼斯人塞巴斯蒂安·卡伯特（Sebastián Gaboto，胡安·迪亚斯·德索利斯的追随者）签订的协议中真实地显现出来：沿着麦哲伦海峡航行，目标是东方的无尽的财富。但是，当塞巴斯蒂安·卡伯特到达伯南布哥（Pernambuco）葡萄牙的工厂时，他发现在南边，有一群胡安·迪亚斯·德索利斯海军的基督徒，他们非常了解河里的财富。塞巴斯蒂安·卡伯特从这群基督徒中获悉，阿勒霍·加西亚（Alejo García）和他的同伙曾通过图皮-瓜拉尼人得知：沿着巴拉圭河和有水塘的土地，可以到达安第斯山脚，那片热带雨林深处的内陆存在着满是银矿的山脉。塞巴斯蒂安·卡伯特没有迟疑，当即取消了去往东印度群岛的航行，坚决地转航前往拉普拉塔河。

塞巴斯蒂安·卡伯特一行人在圣加百利岛港口停下，将它命名为圣拉萨罗（San Lázaro），10—12人留在这里进行守卫。最大的船只沿着乌拉圭流域向上游继续航行，图中发现了一条支流，他们将其命名为圣萨尔瓦多（San Salvador），并且在河边修建了堡垒。紧接着他们逆流而上到达巴拉那河，并且在它与卡尔卡拉尼亚河（Carcarañá）的交汇处又修建了一个小堡垒圣斯皮里图斯（Sancti Spiritus）。当他们航行至阿皮佩瀑布（el salto del Apipé）时，遭遇了乘坐小划艇的土著人的袭击。为了深入内陆，他们决定返回巴拉圭。在那里他们找到了银矿，并将那一区域命名为"边界"（La Frontera）。

不久之后，有人跟塞巴斯蒂安·卡伯特说河里有陌生船只出没——那是蒂亚戈·加西亚·德莫格的船，他们最终还是于1527年1月从圣维森特启航了，并且沿着塞巴斯蒂安·卡伯特的航线经过了圣拉萨罗。在为这块最佳探险地的征服权利争执一番后，船长们达成共识，一同前行。就在此时他们得到印第安人正准备破坏船只和堡垒的消息，于是不得不返回圣斯皮里图斯和圣萨尔瓦多。那里的船长格里戈里奥·卡罗（Gregorio Caro）告诉他们堡垒已完全被印第安人毁坏了。蒂亚戈·加西亚·德莫格垂头丧气地返回了西班牙。不久后，塞巴斯蒂安·卡伯特在自己的船里遭遇袭击，也在1530年7月返回了西班牙，令人哭笑不得的是他到达的时间竟然还比蒂亚戈·加西亚·德莫格提前了几天。

西班牙在印第安的"大省"

1529 年,西班牙王室知晓了阿兹特克文明蒙特苏马(Moctezuma)时期的珍宝,卡洛斯五世随之将目光投向了拉丁美洲。那时候东印度群岛已被葡萄牙人占领。同年在萨拉戈萨(Zaragoza)签订的协议中,35 万杜卡多(ducado,曾为西班牙和奥匈帝国的金币名)被拱手相让于葡萄牙。不久西班牙收到了一个令人震惊的消息:葡萄牙已经准备派一支由马丁·阿方索·德索萨(Martín Alfonso de Sousa)率领的精兵开拓巴西,不难推断出他们意图沿着拉普拉塔河深入秘鲁以获得财富。西班牙立即决定着手组建一支探险队来守卫占领过的土地,但这一倡议必须经历西印度交易所繁琐而官僚的法律程序才能得以实施。1534 年 1 月,当赫尔南多·皮萨罗(Hernando Pizarro)带着俘虏阿塔瓦尔帕(Atahualpa)和不计其数的金银珠宝回到塞维利亚(Sevilla)时,整个欧洲都震惊了。

当时卡洛斯五世得知葡萄牙正密谋沿着拉普拉塔河进行另一次探险,于是他毫不犹豫地于 1534 年 3 月 21 日与佩德罗·门多萨(Pedro de Mendoza)签订了协议,任命他为拉普拉塔河的总督。协议内容如下:首先我允许你以卡斯蒂利亚皇室的名义进入拉普拉塔河,到达"南海"。在那里,你可以统治长达 200 西班牙海里的海岸线——从我们委托迪耶戈·阿尔莫格罗(Diego de

Almagro）将军统治的地方开始，直到麦哲伦海峡。你还可以开拓那里的土地，并且务必守卫属于西班牙疆域内的所有土地。

这就是西班牙在印第安的"大省"：包括托尔德西利亚斯（Tordesillas）和大西洋沿线向东直到太平洋的西海岸线，纬度在25°—36°，南包括拉普拉塔河河道，北与圭亚那河亚马逊盆地接壤。

1535年9月1日，佩德罗·门多萨庞大的海军军队迅速从圣罗卡港（Sanlúcar）启航，为了避免社会上众多想要参与淘银之旅的人对他们发起攻击，航行的队伍中收编了海军上将迪耶戈·门多萨（Diego de Mendoza，拉普拉塔河的总督佩德罗·门多萨的兄弟）、大警官胡安·艾约纳斯（Juan de Ayolas）、团长胡安·奥索里奥（Juan de Osorio，后被指叛变，被胡安·艾约纳斯在巴西海岸密谋刺死）等以防不测。

征服土地

在布宜诺斯艾利斯正值经历悲惨的饥饿和死亡之际，胡安·艾约纳斯和他勇猛的军队已沿着巴拉那河逆流而上。这一旅程并不那么一帆风顺：当船因为河滩上淤泥而搁浅，或者因为风向而难以前行的时候，他们就用绳索来拉纤；他们拿着手枪，英勇地破解了印第安人的埋伏；用植物的根或者野果子来抵御饥饿和发烧等，为他们所带来的持续不断的煎熬。

在对这片陌生领土的艰难探索中,是什么样的希望和憧憬激励着这群顽强的人竭尽人类能量去探索?答案是宗教信仰和个人独特使命的相辅相成。在西班牙的侵略者看来,他们深入美洲,梦想得到声望、财富和上帝面前的功绩,这是一种极端的高尚:"这样一来,我们既能在另一个世界享受无上的荣耀,又能在这个世界获得有史以来从未有人得到过的声誉和名望。"西班牙皇室这样的想法,清晰明确地表明这一征服事业对西班牙的深远影响。

但是西班牙人对于拉普拉塔河流域的征服极其艰难坎坷,不久他们甚至埋葬了轻而易举就能获得财富的梦想,那些对于美洲大陆神秘的幻想也逐渐消散了。钢铁战士般的船长伊拉腊(Irala),以及士兵、绅士、骑士、安达卢西亚和比斯开乡村健壮的年轻人都加入了胡安·艾约纳斯的探险军队。在困境面前,他们渐渐偏离了最初的目标。在征服了许多土地之后,他们来到了位于亚松森(Asunción)流域河水流速减缓的地方,并在那里很快就发展起了带有农民特性的精明的手工业。他们的工作带有殖民特点,他们奴役当地的印第安人,并与瓜拉尼女人寻欢。因此,对于这一群美洲印第安"帝国"的士兵来说,在拉普拉塔河的征服占领并不是像之前在秘鲁和墨西哥那样短暂又能轻而易举地拥有丰厚的战利品,而是在左邻右舍当中缓慢地培养出一种"西班牙认同"。与美洲其他任何地区都不同的是,这里的征服与殖民是在基础层面的相互渗透。从踏上这片土地的第一刻起,士兵就成了殖民者,整个殖民军队的成员则成为第一代的移民。

胡安·艾约纳斯在卡尔卡拉尼亚河左岸，也就是之前塞巴斯蒂安·卡伯特所修建的堡垒的上游也建立了一个小堡垒，命名为科珀斯·克里斯蒂（Corpus Christi）。在那里留下了一小队驻军之后，胡安·艾约纳斯继续探险，并成功地筹集了数量可观的食物前去救助布宜诺斯艾利斯无依无靠又忍饥挨饿的人民。在完成这个使命回来的时候，他从塞巴斯蒂安·卡伯特探险队的一个幸存者那里得知，银矿就存在于西北方向。胡安·艾约纳斯没有迟疑，立即沿巴拉那河回溯，并将伊拉腊留在了坎德拉里奥港（Puerto de la Candelaria）。他叮嘱伊拉腊如果他过了6个月还没有回来，伊拉腊就动身返回布宜诺斯艾利斯。伊拉腊是一个缺乏耐心的人，由于一直没有收到胡安·艾约纳斯的消息，于是他在约定的期限还未到时就离开那里回到了下游。1537年8月15日，他在那里建立了一座堡垒。1541年，他将堡垒正式命名为亚松森，还建立了教士会，并且根据1537年卡洛斯五世的特赦法令中"行政权由选举产生"的规定，通过选举成为首领，以此稳定短期的职位空缺。接着伊拉腊决定前往南方遥远的布宜诺斯艾利斯，意图将那里也置于他的统治之下，无功而返的人们带着疲惫回到了美好的亚松森，在那里，征服军终于找到了他们的和平与安定，贪婪地享受着瓜拉尼的女人和肥沃的土地。而在南部上游的科珀斯·克里斯蒂慢慢变成了一片废墟，拉普拉塔河上也再难觅帆船的踪影。

与此同时，西班牙还在做着拥有满是银矿的山脉和通过地中海进入秘鲁的美梦。不知疲倦的阿尔瓦·努涅兹·卡贝萨·德巴卡

(Alvar Núñez Cabeza de Vaca)也执着于这个梦想。他是拉普拉塔河的第二任总督,他跨越了 400 多西班牙海里的森林、河流、山区,在 1542 年的某一天出现在了亚松森。

然而,出人意料的是,拉普拉塔河及其河滩曾出现在 1547 年授予胡安·萨纳布里亚(Juan de Sanabria)的管辖权边界的协议上。协议这样写道: 首先我允许你以卡斯蒂利亚莱昂皇室的名义探索和殖民拉普拉塔河河口 200 西班牙海里的区域(不包括巴西),此外你还可以殖民该河河口右边的区域。在公文上,"东岸"就是这样被划分出来的,但是"萨纳布里亚的土地"这一说法并不能代表地理上的含义。胡安·萨纳布里亚直到去世也未能开始这段征服的旅程,1549 年,他的儿子迪耶戈·萨纳布里亚(Diego de Sanabria)统治了这片曾被赐予他父亲的土地。后来,迪耶戈·萨纳布里亚在巴西的圣罗克角(cabo de San Roque)遇难。随后,西班牙将东岸的统治权转交给了哈伊姆·拉斯金(Jaime Razquin)。

来自比斯开的秘鲁农场主胡安·沃尔提斯·萨拉特(Juan Ortiz de Zárate)是拉普拉塔河的第三任总督,这是 16 世纪"东岸"影响最深远的殖民行动。当他 1573 年末到达这片土地时,这里粮食短缺,并且被印第安人包围着,胡安·沃尔提斯·萨拉特和他的同伴们不得不在马丁·加西亚岛暂时躲避。后来,胡安·卡拉伊(Juan de Garay)前来支援,才使得胡安·沃尔提斯·萨拉特重拾了信心,胡安·卡拉伊前往圣萨尔瓦多(San Salvador)并在那里修筑起了几个临时的小棚。胡安·沃尔提斯·萨拉特将那里冠以城的名号,组织了市长和其他管理者的选举,并且宣布从今往后,拉普拉塔河政府应该叫作"新比斯开"。但是,建立的城镇和新的命名都没有持续太久: 前者在1577年被市民们所抛弃;后者则遭到了卡斯蒂利亚人、安达卢西亚人和埃斯特雷马杜拉人的轻蔑和拒绝,因为在殖民军队中他们占大多数,而巴斯克人占少数。从那以后,传统的名字"东岸"一直被沿用下来。

胡安·沃尔提斯·萨拉特死后,根据遗嘱,只要他的女儿胡安娜嫁给一个具有管理能力的人,就能继承拉普拉塔河东岸的土地。他的女儿在众多追求者中选择了法官胡安·托雷斯·贝拉·阿拉贡(Juan de Torres de Vera y Aragón),于是这个人就成了拉普拉塔河的第四任,也是最后一任总督。胡安·沃尔提斯·萨拉特的去世同时也让胡安·卡拉伊有了出头之日。他是一位现实主义者,对美洲的土地和人民极其了解。1579年,在1537年特赦法令的庇护下,亚松森的人民选举胡安·卡拉伊为临时总督。

那时候,拉丁美洲农场的收成和印第安人带来的好处为新贵族地位的巩固提供了必要的基础。关于拉丁美洲的谜团也逐渐消散了: 波托西的银矿确实存在,但是早已经属于通过另一种方式进入的勇敢的人。然而,新一代人——拉美土地上的贵族——在财富的分割上未能占领一席之地,同时地中海国家的文化传播正在侵蚀着这片土地。因此,胡安·卡拉伊萌生出打通拉美通往外界港口路径的想法。他招募了这样一支队伍: 10个西班牙人,56个出生于拉美的人，他们带着家人、牲畜、种子、农具从亚松森出发。1580年6月11日，他们建成了布宜诺斯艾利斯港，拉普拉塔河的开放形成了一条从美洲内陆联通大西洋的商业航线。在胡安·卡拉伊建立的城市面前，几乎未被殖民者践踏过的"东岸"展示出了她岛屿和海滩的面貌，河口和小溪引导着人们一直深入到她绵延的牧场。然而对于胡安·卡拉伊和其他殖民者来说，"东岸"是恐怖而充满敌意的，远不是他们的期望之地。

畜牧带

土生白人赫尔南达利亚斯（Hernandarias）曾对东岸地区有过这样的预言：这个地区的溪流适宜各种牲畜的生存。他虽然于1608年向国王寄送过一份东岸地区发展的基础性方案，但始终没有忘记这片天然的大牧场。1611年，赫尔南达利亚斯第一次下令用船向东岸地区运送牛群。1617年左右，第二次引进的牲畜来自萨拉多·格兰达（Salado Grande）海岸的牧场，有100头牛。

牛群下船以后，摆脱了野狗和干扰它们安心吃草的马群，分散于草原、山间、河谷，恣意生长，最终汇成了一片由500多万头牛所组成的"牛群海洋"（大约1636年，马和狗才先后被引进）。这种无人管理的引进造成了一种意想不到的结果：牛群在肥沃的牧场上自由地繁衍，没有任何人类放牧活动的参与，最终和谐地融入了地理环境中，就像是自然生长结出的果实一样。这种"满是牛肉和皮革的矿藏"一经形成，就深深地影响了之后所有的历史进程，因为这种引入刺激了这片未经开垦的土地上经济的发展，决定了之后到此白人的移民。就这样，在这片长久以来被忽视、被寻找金银财宝的探险家们视作毫无用处的土地上，"生长出"了令人向往的"畜牧带"。

紧接着，被推迟的殖民阶段终于到来了。主要的翻译是传教士：一开始是方济各会，后来是耶稣会，他们在美洲向查纳人（chaná）和瓜拉尼人传教的过程中，根据基督教国王卡洛斯五世和费利佩二世的旨意，实现了西班牙人的"绥靖政策"。大约1625年，方济各会的弗拉伊·胡安·德佩尔加拉（Fray Juan de Vergara）第一个移民到查鲁亚人边界的西南海岸，为很多印第安人取了教名，并且兴建了两座改信基督教的土著人村落。在1608年就已建立的巴拉圭省，基督徒们开始了传授教义。大约17世纪中叶，基督教徒们的辐射范围扩张到了巴拉那（Paraná）、乌拉圭高地（alto Uruguay）、特比瓜利（Tebicuary）和伊比古伊（Ibicuy）。30个部落连接了超过10万的印第安人，形成了一个巨大的社会经济组织。

拉丁美洲民族性格的核心来自索里亚人和东岸地区的7个传教士部落。传教士的牧场从亚佩尤（Yapeyú）的核心区扩展到内格罗河（Río Negro），更远甚至达到科洛尼亚（Colonia）的巴加斯（Vacas）。这些牧场造就了土生白人的生活方式。这种生活方式也融合了塔佩人（tapc）、凯楚阿人（quechua）和瓜拉尼人的一些习惯，比如说彭丘（poncho，一种斗篷，犹如一块长方形的毛毯，中间开有套头的口子）、奇利帕（chiripá，一种服装，将一块布围在腰上，然后将后部从两腿的中间掏到前面结起来，弄成裤子状）、马黛茶、灵巧的骑术、斗牛术、驯养野牛的方法、吉他、民谣、印第安基督教的宇宙观等。一些当地语言中关键的词汇发音也得到了融合。

自1680年葡萄牙人建立了新的殖民点后，东岸的南部地区开启了"70年的安定时期"和"皮革时代"。养牛场就是从那时开始的。人们混乱地开发畜牧业以获得财富，这对社会秩序造成了严重影响。安德烈·皮塔多（Andrés Pintado）船长等圣菲人（santafecino）和胡安·罗洽（Juan de Rocha）船长等布宜诺斯艾利斯人驱赶着牛群开拓沿海和布宜诺斯艾利斯的牧场；圣保罗人和米纳斯人（minuanes）联合将牛群带到了米纳斯·吉拉斯（Minas Gerais），完成了一段看起来难以置信的旅程；农业工人在布宜诺斯艾利斯教士会的授权下对牛群展开任意的残忍屠杀，其中有一项程序十分出名——用长矛刺破牛蹄的腱；没有固定工作的雇工暗中与米纳斯人和塔佩人联合参加葡萄牙人的地下交易，并且从1716年开始与英国的船只进行贸易。在大西洋沿岸的一些地区，也就是如今马尔多纳多（Maldonado）和罗恰（Rocha）的海岸，活动于西班牙美洲殖民地的海盗用牛肉制作干腌肉，这种食物同样显示出了掠夺的功能。他们将牛群围起来进行捕杀，将牛肉做成条状，加盐，在加勒比地区晒干。这些干腌肉是热带种植园中黑人奴隶的食物，还可以用以交换糖和朗姆酒，与此同时，干腌肉也可以在英美殖民地的港口进行买卖。

东岸高乔人的民族和社会特点便在这样的环境与氛围中孕育着。这些东奔西走的骑士与其说是混血的后代，不如说是牧场的后代。他们长久地处在流动世界的中心，但是一直有着自己的思想境界，在前进的路上从未遇到过难以逾越的障碍。他们日常生活中的每分每秒都在感受自由，并且不把自由看作个人志向的另一种束缚。东岸高乔人满足于因得天独厚的自然环境轻而易举得来的享受，他们从自然中获取吃穿等生活必需品。对于他们来说，刀就像是他们手上的第六根手指，使他们可以控制全球的皮革原材料，这些材料在朴素而精妙的手法中被做成鞭子和皮条。东岸高乔人缺少稳定的社会性，因为他们总是在从一个驻营地迁徙到下一个驻营地，或者冒着被美洲豹吃掉的危险而长途放牧牛群。但这也使得他们有巨大的勇气、有很强的信念，所有人都坚定地肯定个人的价值。除了每天暂时地拥有个人或整个部落的生活必需品之外，他们没有也不能理解私有财产的意义，因为土地对于他们来说太普遍了，就像空气或者河流和小溪里的水一样。东岸高乔人是观察者也是沉思者，在独一无二的、无可替代的经历中，他们掌握了牧场上无数的秘密，隐蔽的密道和隐秘的声音，这一切的一切形成了对于这块地区秘密的科学。随心所欲的游吟诗人带着吉他，和着原生音乐唱着所经过的村庄发生的奇闻轶事。瓜拉尼人习惯喝马黛茶实际上是在这片广袤的土地上滋养着他们鲜活的想象力，安抚着他们因长途奔波而疲惫不安的身心，为瓜拉尼人下一次长久而坚毅的活动做好充足的准备。

在这一历史背景下，畜牧带显而易见地成为葡萄牙在美洲实现扩张统治的前线及战略中心，随之而来的世俗斗争也展示出了拉普拉塔河流域人民坚毅的性格特征。对于西班牙帝国来说，东岸地区，他们征服过，也失去过；而同时他们也为这一地区带来了新的历史维度：边界带。

边界带

西班牙和葡萄牙两国于 1494 年 6 月 7 日，在西班牙卡斯蒂利亚的托尔德西里亚斯签订了一份旨在瓜分新世界的协议：托尔德西里亚斯（Tordesillas）条约，这份条约既修正了两国各自扩张和侵略的边界，又给拉丁美洲的人民带来了爆炸性的影响。

不久之后，秘鲁决定让西班牙将其政治和经济的统治中心放在南美洲靠太平洋的一侧，并且将利马作为级别高于其他边缘地区——新格拉纳达、基多、智利、秘鲁高地、图库曼、库约、巴拉圭、布宜诺斯艾利斯——的最高级的统治中心。西班牙迅速地在通过大西洋进入秘鲁的沿途修建堡垒，以阻止葡萄牙深入内陆争夺银矿。但是，于 1580 年同时发生了两件大事：一是费利佩二世（Felipe II）受制于葡萄牙皇室遗产的继承；二是胡安·卡拉伊建立布宜诺斯艾利斯港。这两件事带来了一个共同的影响，那就是使得大西洋秘鲁守卫军在法律和政治斗争中的士气陷入低落。在直到 1640 年的决定性的 60 年里,伊比利亚半岛国王间个人的联合使得托尔德西利亚斯线名存实亡,而边界的开放也打断了西班牙殖民地上牲畜的迁徙。伊比利亚半岛上曾经的政治联合给其他欧洲各国带来了难以磨灭的影响: 一方面阻碍了法国的称霸野心;另一方面也让英国的命运处于危险之中。1640 年,葡萄牙从西班牙的统治下重新获得独立,西班牙的这些对手们便很轻易地使葡萄牙将种族隔离主义神圣化起来。重新获得独立的葡萄牙扶持胡安·布拉干萨(Juan de Braganza) 登上了他梦寐以求的王位;1648 年葡萄牙还摧毁了韦斯伐里亚 (Wetsfalia) 这一西班牙帝国和平时期的"工业之肺",并让佛兰德斯 (Flandes) 独立,成为荷兰。

对美洲地区来说,伊比利亚半岛联盟的破裂刺激了巴西淘金人的进入。在东岸地区,葡萄牙人毫不迟疑地继续沿着之前那些探险家所开辟的道路前进着。1680 年 1 月的第三周,葡萄牙人马努埃·罗博 (Manuel de Lobo) 在布宜诺斯艾利斯西班牙人定居点的河对岸建立了一个新的殖民点并命名为科洛尼亚 (Colonia)。在东岸地区的这一领先活动为葡萄牙人带来了双重影响: 一是作为一个温带地区,科洛尼亚可以为热带地区提供粮仓以及肉制品和皮革制品的储存地;二是从地缘政治上来说,它是圣保罗向西发展的必要支持和保卫,并且由于对拉普拉塔河和乌拉圭河的统治,这一殖民点的建立还打开了进入内陆必要的水上通道。然而对于西班牙来说,葡萄牙新殖民点的建立是在它帝国最脆弱的侧面——秘鲁的大西洋沿岸打开了一道沉重的豁口。对于布宜诺斯艾利斯和圣菲（Santa Fe）来说，葡萄牙新殖民点更是在东岸地区获取牧场之利的可怕敌人。科洛尼亚地区的争议显示出了西班牙和葡萄牙帝国在前线的斗争局势，同时也是这两个国家在美洲地区冲突的关键，而且英国也干预了这一事件，随之逐渐将葡萄牙变成自己的附属国。虽然驻守在布宜诺斯艾利斯的西班牙人当年就夺取了科洛尼亚的统治权，但在1681年两国签订的条约中，西班牙同意将科洛尼亚归还给葡萄牙，条约同时规定设立一个联合委员会来确定西班牙与葡萄牙在美洲属地的疆界。

一系列的武装斗争与和平谈判记录着世俗冲突的发展历程，同时也让东岸地区既作为拉普拉塔河和巴西的命运中心，又遭受着西班牙和葡萄牙的双重影响。然而实际上决定冲突的关键性因素在于蒙得维的亚（Montevideo）的建立。它就像安插在科洛尼亚与其巴西地区大西洋据点之间的一个战略制高点，使科洛尼亚的统治范围局限在一小块孤立的领土上，从而促成了它不可避免的衰落。在佩德罗·德·塞巴洛斯（Pedro de Cevallos）的统治下，蒙得维的亚获得了"拉普拉塔河流域最新建立的总督领地"的称号。蒙得维的亚不光分流了科洛尼亚地区的人口，还摧毁了塞斯普拉蒂纳（Cisplatina）顽强的城墙和防御工事。于1777年10月1日签订的圣伊尔德丰索条约（tratado de San Ildefonso）再一次明确了西班牙与葡萄牙在美洲殖民地的疆界，但是这一来源于托尔德西里亚斯线并位于内陆长远又曲折的边境线又依法赋予了巴西淘金人扩张的权利,并且使得葡萄牙的外交手段更富韧性。可以肯定的是,许多年前,西班牙和葡萄牙帝国还对拉美地区广阔的内陆持消极态度,但是随着圣伊尔德丰索条约的签订,边界带已经失去了原来中立但威力巨大的天然防御工事的作用:一方面它阻止了巴西淘金人的扩张;另一方面它既渗透了拉丁美洲的广阔领土,限制了国王过分的权力,又为来自巴拉圭和新兴港口城市蒙得维的亚——东岸极富吸引力的领土的土生白人对于获取利润和扩张财富的渴求设置了障碍。

蒙得维的亚——战略制高点、政府和港口

1724 年,蒙得维的亚作为"圣何塞堡垒"(Fuerte de San José)而被建立。1726 年,随着它发展为一座城市,西班牙终于实施了赫尔南达利亚斯梦寐以求的殖民计划。这一古老的计划已被拖得太久。多明哥·佩德拉尔加(Domingo Petrarca)设计了城市规划图,标出了村社的位置和领地的边界。佩德罗·米尔兰(Pedro Millán)登记了户籍人口,确定了未来教士会的管辖权——萨巴拉(Zabala,于 1729 年 12 月 20 日成立教士会)——以及当地人们在田地和山区工作生活的边界:西至库弗雷小溪(arroyo Cufré);东至马尔多纳多(Maldonado)山区;北至圣何塞河(río San José)和圣卢西娅河(río Santa Lucía)的源头,紧邻着农业工人们所在的土丘。佩德罗·米尔兰还根据印第安人的规矩将土地、小庄

园、带来丰厚回报的牧场分给了创始人们。除此之外，这些人还获得了"故土绅士"这一称号，他们的名字前被冠以"尊贵的先生"。

然而，人群的核心地点难以被聚集，萨巴拉和布宜诺斯艾利斯教士会多次重申的要求都遭到了普遍的抵制。据布宜诺斯艾利斯的市长、来自神圣兄弟会（Santa Hermandad）的路易斯·吉勒斯（Luis de Giles）所言，人们带着这样的目的来游行示威：不允许以任何借口去蒙得维的亚的新居住区，不能因为看到了那里的状况或者还没有使人们感到满意就去。但这似乎并没有牵绊住人们踏上这片陌生城市的脚步，毋庸置疑的是，蒙得维的亚能够迎来他的第一批居民还应当归功于皇室与25个卡内洛内斯（canario）家庭曾于1726年签订的移居协议。

在此，有几个人的名字值得一提，公道地说，他们都算得上是在卡内洛内斯人到来之前，蒙得维的亚的第一批居民。首先是佩德罗·格罗纳尔多（Pedro Gronardo）船长，他出生于布宜诺斯艾利斯，虽然不能称得上是蒙得维的亚当地的长久住民，但是因为他所拥有的私有财产，使得他的名字和这个时代紧密地联系在了一起。佩德罗·格罗纳尔多是拉普拉塔河上的领航员，他非常了解蒙得维的亚这个小海湾，经常以布宜诺斯艾利斯出口商的名义在圣卢西娅河的河口处做牛皮革的生意，他还在这条河的河滩处修建了一个乡间别墅。后来，依靠着圣何塞堡垒，他在刚刚建立的居住点和法国人赫罗尼莫·埃乌斯特切（Jerónimo Eustache）合作开办了一个杂货店。赫罗尼莫·埃乌斯特切，绰号"手枪"（Pistolete），是一名守军士兵，他也在乡间修建了一所房子，他和他的家人就住在那里。这两个很好的合作伙伴去世的日期也非常接近，"手枪"在圣卢西娅河溺水身亡，而佩德罗·格罗纳尔多在像平常一样驾驶一艘英国船时因火炮爆炸而不幸遇难。他们的家人则在蒙得维的亚继续生活着。

日内瓦人乔治·布鲁赫斯（Jorge Burgues）于1724年11月定居蒙得维的亚。他用石块和瓦片修建了一座房子，还带有菜园和树林，并且在牧场里养着牛和马。法国南特人（Nantes）胡安·巴蒂斯塔·开约斯（Juan Bautista Caillos）是个士兵，也于1724年得到萨巴拉的授权在蒙得维的亚定居，他用砖坯修建了房子，除此之外，他还有多个乡间别墅。追随他们在蒙得维的亚定居的还有阿拉贡士兵胡安·安东尼奥·阿尔提迦斯（Juan Antonio Artigas）和布宜诺斯艾利斯人塞巴斯蒂安·加拉斯克（Sebastián Carrasco）。

根据佩德罗·米尔兰制作的户籍花名册，蒙得维的亚有34个居民来自布宜诺斯艾利斯，其中24个人有亲戚关系：塞巴斯蒂安·加拉斯克是胡安·安东尼奥·阿蒂加斯、乔治·布鲁赫斯和何塞·贡萨雷斯·梅洛（José González de Melo）妻子的兄弟。这些人定居在一起之后有了2个后代和3个远房兄弟姐妹，这些后人随着时间的流逝而持续增加。因此，在蒙得维的亚这座城市最基础、最开始的阶段，社会上仅有的几十个家庭的联系十分紧密，这种来自家庭的紧密联系必定能够巩固一开始艰难的定居。

然而，毫无疑问的是，蒙得维的亚最初社会真正的性格是由卡内洛内斯的移民赋予的。这些移民中的大多数都是贫苦而谦逊的人，但是其中也有一些地地道道的贵族。贝拉·苏亚雷斯家族（Vera Suárez）和贝拉·佩尔多摩家族（Vera Perdomo）是来自加那利群岛上的征服者；特赫拉（Tejera）或者特赫斯叶拉（Texeyra）家族来自西班牙的加利西亚；赫勒拉家族（Herrera）的姓氏来自有名望的祖先；加美赫家族（Camejo）和索拓家族（Soto）是家境宽裕的城市居民的后代。阿萨洛拉·基尔（Azarola Gil）这样总结："关于蒙得维的亚来自各个地方的第一代居民，最值得称颂的是他们组成了一个勤劳而和平的阶级，一点也不像受肮脏的获得金币的念头驱使而来到美洲的冒险者们那样。蒙得维的亚是纯净的，那里贵族的身份没有被他们狂妄的先人们所犯下的耻辱所玷污。"

蒙得维的亚是一个有很多城墙的城市，要塞如同秘鲁卡亚俄（Callao）和卡塔赫纳（Cartagena）里的一样坚固。达德拉（Ciudadela）方形的防御工事修筑于1742—1780年，有50门火炮，城墙上还架着14门排炮，这些构成了通往海湾必经之路上的圣何塞堡垒。从1808年起，基础的民众生活水平受到了严酷军事状况的极大影响。提高政治权和私有财产权的要求被反复提出。1749年，随着"政治军事政府"的建立，这一要求得到满足。该政府处于佩德罗·米尔兰的管辖权中，第一任领导是准将何塞·霍阿金·德·比亚纳（José Joaquín de Viana），他于次年上任。从此以后，东岸地区并存着3个行政管理地区：前文已提到的蒙得维的亚的管理地区；南边从内格罗河直到圣特蕾莎（Santa Teresa）、圣米盖尔（San Miguel）、圣特克拉（Santa Tecla）围起来的防御工事以及布宜诺斯艾利斯的塞拉·拉尔共（Cerro Largo）防御处；北边从内格罗河与乌拉圭河的交汇角一直延伸至伊比古伊河的上游河道。伊比古伊河的传教地区自1767年起已置于将军政府和指挥官各部门的统治之下，他们的统治就像在亚佩尤地区实施过的一样深入东岸地区。

但是在成立了顶层政府之后，蒙得维的亚的发展才得以稳固，这些条约将它转变为拉普拉塔河流域顶级的港口。随着法令接连不断地出台，蒙得维的亚的重要地位逐渐为人所熟知，土地上的财富也向它奔涌而来。财富的聚集主要依靠皮革制品，并且在对各种各样商品、工业品以及奴隶的出口与进口中，蒙得维的亚的经济实力不断巩固加强，同时作为"东岸地区最安全和独特的地方"的社会声望也不断提升。至于那群积极而富有进取心的居民，之前曾在蒙得维的亚城的建立过程中获利，更早的时候则在带来丰厚回报的牧场里获利，现在由于他们大胆的占领，牧场的面积在不断扩大，这群居民也凭借着密集的商业交通而变得更加富有。他们的交易中有合法的买卖，也有地下违禁品的买卖。渐渐地他们形成了一个有权有势的贵族阶级，并且很快在重大事件中扮演了重要角色。

与此同时，西班牙对于蒙得维的亚的控制也在逐渐巩固加强。新的人口诞生，有的是因为官方的军事目的，或者直接的殖民目的，正如在马尔多纳多、米纳斯、圣何塞发生的情况一样；有的是自发发生的，或者在小堡垒的庇护下，或者在由马车的车辙开辟出的小路的交汇处，或者在路旁的挂着庇护标志的小教堂中；有的发生在赶牲畜的路途中，或是在杂货店中（一些杂货店是为了买卖，一些是为了贮藏货物，部分杂货店有舞台和比赛或有击柱游戏和纸牌游戏）；有的发生在一个古老的印第安部族周围……

东岸地区的历史方程式

一个世纪以来，"新世界"的发现者们和征服者们着魔于对于香料的寻找，追寻着传说中财富的谜团，除了某几个偶然的瞬间，他们丝毫没有感受到拉普拉塔河东岸地区巨大的吸引力。正是因为这个原因，乌拉圭的历史中没有记载下任何一个有着丰功伟绩的将军的名字。在这片被忽视的土地上，没有为了基督教会和贪婪的欧洲商人而牟取利益的科尔戴斯（Cortés），没有赫尔南多·皮萨罗，也没有瓦尔迪维亚（Valdivia）。

赫尔南达利亚斯第一次将牛群驱赶到拉普拉塔河东岸的土地上时，他这一极富远见的决定使得牧场成为乌拉圭历史方程式中的第一个定义项。从那以后，东岸地区开始有人负责协调这里杂乱无章的最初移民。移民们被这里"满是牛肉和皮革的矿藏"所蕴含的巨大财富所吸引，这财富让东岸地区从"无用之地"转变为令人向往的"牛群海洋"。赫尔南达利亚斯引进了核心牛群的管理办法，后来不管是自由繁衍的，还是来自四周散养的传教士牧场、自发进行迁徙的牛，他们的足迹都被追随着，同时也都遭到了入侵：有的入侵来自牧牛人塔佩人；有的来自没有固定工资的雇工里奥格兰德人（riograndenses），他们有着巴西淘金人的血统；有的来自布宜诺斯艾利斯的农业工人和圣菲人；还有的来自活动于西班牙美洲殖民地的海盗，他们急切而勤奋，争先恐后地与查鲁亚人或者米纳斯人结盟，为了赚得皮革制品、干腌肉或者运输牛群的利润。肥沃的牧场在历史上刺激了如此多样又古怪的征服者，他们中一半是先锋；另一半是"小山上的海盗"。随着时间的流逝，人民越发感受到它所营造出的生态基础的深远影响，如今拉丁美洲人民的经济、社会、政治和精神生活都共享着这片土地。

在高乔人宽阔的土地上，巴拉那河、乌拉圭河、内格罗河、拉普拉塔河都听从于大自然的安排灌溉着东岸的牧场。牧场向这样的自然敞开，被它浸润，形成了伊比利亚美洲最独特最罕见的历史：葡萄牙和西班牙两国交替或重叠殖民过程中所有的融合与冲突。半岛上的这两个殖民者穿越过东岸的土地，他们所施行的人口和社会经济政策穷尽了整个欧洲民族所有的可能性。从巴西开始，圣保罗为进行政治和经济统治，推动着宗主国的统计学家们打开了一个全新的视角以在科洛尼亚建立一个持久的堡垒。尽管后来失败了，但是也给19世纪的乌拉圭留下了深远的社会和文化影响，这种影响在短暂的塞斯普拉蒂纳（Cisplatina）阶段达到了顶峰。自从西班牙人伊涅格·洛约拉（Inigo de Loyola）开展建立传教地区这一巨大的事业以来，以西班牙土生白人为背景的基督教模式基本成型。蒙得维的亚小乡村里的卡内洛内斯教徒们执着又能干，紧接着通过港口从世界各地纷至沓来的人们也选择在这里定居。人口在东岸的土地上不断地增加，他们的到来在这片土地上深化了来自18世纪西班牙的传统风俗习惯，但是无论是来自伊比利亚半岛的西班牙人或是葡萄牙人从来都不能在未来东岸居民内心的最深处获得认同，东岸居民有着自己独特而排他的特质。西班牙政治、军事和管理制度的高压在文化上带来了西班牙语在东岸地区的存续，但是从拉普拉塔河沿岸到内陆，西班牙语也因受到大范围不同口音的影响而被重塑，比如说西班牙的重音和葡萄牙语里的哑音。尽管受到蒙得维的亚这一中心地区的影响，在东岸地区土生白人的心目中，他们同拉丁美洲内陆西班牙、葡萄牙以及巴西人的联系一直存在。

正因如此，对于牧场和生活在其中的人们来说，东岸地区历史方程式的第二个定义项——边界，也从来没有它原始的"界线"含义，从来没有分开两边的"外人"。相反，它是一个经常涉及的领域，这个世界里的关系起源于它的自然与真实，并且绵延不绝。这是一个秘密的世界，在其中既有经济利益的交换，又有人类精神的交流。它在实际的历史上对立于专制主义为蒙得维的亚、里约热内卢这些中心都市所强加的"合法"边界。

对于港口城市来说，边界是必须的。为的是根据领地制度征服内陆的领土，划定边界、保卫边界、关闭边界组成了城市最基础的事务。对于牧场的人们来说，边界是公共而自由的土地上的开放的地平线，而对于蒙得维的亚失去理智的征服者来说，他们欲望与利益的地平线则划在拉普拉塔河和海上的航线上。他们城墙之外的土地，他们封建统治下广阔的疆域，都被异域的享受和远大的野心封闭起来，受到堡垒和看守军队的保护，也受到边界的压迫。

港口是东岸地区历史方程式的第三个定义项。那些因受有封地而富有的蒙得维的亚贵族可以为这一定义项做解释。对于他们来说，边界港口是必不可少的天然防御工事，在后方保护来自海外贸易的经济资源，同时也保护利润的增长，是贵族们保护财富的防线。因此，这种高傲的自治权使得蒙得维的亚不断向外扩张，既挑战对手布宜诺斯艾利斯，又挑战一切强加在它追求利润和优势的野心上面的限制。但是这些没有影响到它面向海外与世界的志向，它带着渴望与愉悦同欧洲的经济中心进行着交易，并从中获取利益。但是欧洲人民的商业头脑和创新精神挫败了它的骄傲，使它对于欧洲更为崇拜，直到在被引入的文明所带来的幻境般的利益面前，它才逐渐摆脱了它的美洲内核。

牧场、边界、港口，这是乌拉圭民族命运发展的三大条件。它们在历史的各种环境中依靠彼此之间不同的组合和权重形成了那些难以磨灭的时代：从何塞·赫瓦西奥·阿蒂加斯（José Gervesio Artigas，乌拉圭民族英雄和独立运动领袖）所代表的拉丁美洲的整体意志，到乌拉圭的独立。从那以后，牧场、边界、港口也组成了各种使乌拉圭、玻利维亚、巴拉圭、巴西、阿根廷等拉丁美洲国家成为真正独立国家的解决方案中重要且不可或缺的元素。

第三章 乌拉圭独立之路

乌拉圭独立战争

（一）外部因素

15世纪末至16世纪中叶，放眼整个拉丁美洲（也可称为西属美洲，又称为西班牙美洲地区）除了巴西被葡萄牙所占领、海地被法国所占领以外，其余拉丁美洲国家均已被来自欧洲伊比利亚半岛的西班牙用武力征服。为强化殖民统治，西班牙在拉丁美洲先后建立了4个总督区，即新西班牙（今墨西哥、中美洲等地）、秘鲁、新格拉纳达（今巴拿马、哥伦比亚、委内瑞拉和厄瓜多尔）和拉普拉塔（今阿根廷、乌拉圭、巴拉圭和玻利维亚），并设置了5个都督区，即危地马拉、委内瑞拉、古巴、波多黎各和智利，由此给美洲人民带来了巨大的灾难与不可磨灭的伤痛。

到18世纪末、19世纪初，西班牙美洲殖民地人民独立意识迅速增强，争取独立、自由、民主的革命运动蓬勃兴起，革命热情不断高涨，为摆脱殖民统治而获得解放，西属美洲殖民地掀起了轰轰烈烈的独立战争。纵观历史不难看出，西属美洲殖民地要求获得独立的原因是多方面的。首先，尽管西班牙在18世纪中叶放宽了贸易垄断政策，殖民地经济虽有明显发展，资本主义因素也不断增强，但这种不彻底的改革激起了西班牙人的后代（克里奥尔人，土生白人）对于殖民当局滥用职权的不满，再加上受到欧洲启蒙主义思想的影响，这些土生白人知识分子先进人物要求将权利掌握在自己手中，直接行使政治职权；其次，美国独立战争、法国大革命和1804年海地革命的成功为西属美洲殖民地增强了信心、树立了楷模；最后，1808年西班牙王室被法国所推翻，这场政治危机也为拉美人民推翻西班牙殖民统治创造了良机。于是，在1810—1826年，西属美洲殖民地人民掀起了波澜壮阔的独立战争。

独立的苗头最早是在西属美洲殖民地的土生白人领导者中萌芽。虽然西班牙在殖民地独立运动初期曾派军队到达美洲，试图终结这场已如烈火燎原之势的运动，但独立运动却以持续高涨的态势最终取得了胜利。南美洲的阿根廷在1816年第一个宣布独立，紧随其后的分别是智利、玻利瓦尔、哥伦比亚、厄瓜多尔和委内瑞拉，1824年解放者在阿亚库乔战役后攻下秘鲁，1821年墨西哥与新西班牙总督区其他地区一起获得解放。然而，乌拉圭人民的独立解放之路则比其他拉丁美洲国家走得崎岖蜿蜒，曲折艰难得多。

（二）"独立之父"阿蒂加斯与乌拉圭革命解放运动

何塞·赫瓦西奥·阿蒂加斯（José Gervasio Artigas，1764年6月19日—1850年9月23日），出生于乌拉圭首都蒙得维的亚市，他是乌拉圭的民族英雄，被后世称为乌拉圭的"独立之父""东岸民族的奠基人"，是 19 世纪初乌拉圭独立运动的领袖。

阿蒂加斯出身于一个军人家庭，也可以说他生来就是领导阶级的一员。他的祖父是阿拉贡省萨拉戈萨人，曾在年轻时加入骑兵团，并参加了西班牙王位继承战。后来他的祖父怀揣着寻求财富的梦想，放弃了一笔可观的遗产，踏上了去西印度洋的掘金之路。阿蒂加斯的祖父一家是 1726 年首批迁往蒙得维的亚定居的六户人家之一，之后受到册封而成为名门乡绅，后又担任过蒙得维的亚所属乡村辖区的首席警务官及市政会的职务，这位老人一生都在为他所在时代的新社会而奋斗，他的民族之情、爱国之心和勇敢精神都传给了他的后代。阿蒂加斯的父亲也深受军人家庭的影响，他当过士兵、中尉、上尉、民警裁判官、地方巡官、王室旗手，以及公设信托人，阿蒂加斯的父亲一生中的大部分时间都消耗在出征作战或处理与公共秩序有关的事物上。他生前亲历了阿蒂加斯领导东岸人民进行革命直至最终被其政敌所击败的情景，见证了他的儿子阿蒂加斯的起落，终年约 90 岁。

在领导阶级与军人这两股主要家庭势力交织的强烈影响下，何塞·赫瓦西奥·阿蒂加斯注定要走上一条不平凡的革命领导者之路。他的家族所给予他的不仅仅是家族威望及家族荣光，还有作为拓荒者的训练与经验，他所属的领导阶级也可以说是富裕阶级，有着艰辛劳苦的畜牧业背景与日益增长的商业利益，这也使得阿蒂加斯对大多数乌拉圭人都有着强大的号召力与影响力。幼年时期的阿蒂加斯曾接受了良好的学校教育，青年时期的阿蒂加斯已经逐渐显露出领袖的形象，到他30岁时，由于他的人格力量及个人威望，使得他在牧工之中享有盛名。1797年3月阿蒂加斯加入骑兵团成为一名骑兵。阿蒂加斯凭借对于乡村情况的熟知以及在高乔人中的影响力，再加上他骁勇善战，出色地完成各项任务，很快就从一个士兵提升为骑兵团的副团长，并且参加了反抗英国占领的斗争。在这期间的经历与经验，都为阿蒂加斯后来在自己执政期间所做的决策打下了坚实基础。

1808年法国借与西班牙签订的《枫丹白露条约》之名进驻西班牙攻打英格兰的盟国葡萄牙，但这一切只是骗局，进入伊比利亚半岛的法军长驱直入，意在攻占西班牙。随后，占领西班牙的拿破仑在法国召见了费尔南多七世（Fernando VII），勒令其退位，并立其兄约瑟夫·波拿巴（Joseph Bonaparte）为西班牙国王。1810年5月13日，一艘英国商船将这一消息带到了蒙得维的亚。5月25日，布宜诺斯艾利斯如同提前知晓一般，做好计划，自行宣布成立"洪达"（Junta，执政委员会，拉美历史上的专用名词），5月31日蒙得维的亚收到了布宜诺斯艾利斯号召蒙得维的亚人民承认这个"洪达"的来信，而此时的蒙得维的亚还处在犹豫未决的思虑中：究竟是为西班牙尽忠到底，还是仅与布宜诺斯艾利斯决裂。1811年初，西班牙保皇派军事指挥官哈维尔·埃利奥（Javier Elio）以总督身份重返蒙得维的亚，并于2月12日向布宜诺斯艾利斯"洪达"宣战。2月15日，阿蒂加斯毅然放弃了他在科洛尼亚的官职，渡过拉普拉塔河去布宜诺斯艾利斯投身到反抗西班牙统治的独立战争当中。这一行动，看似仅是一个郁愤不满的中年下级军官的叛变，实则是为一位备受乡民爱戴与敬重的高乔人领袖发出的自由宣言。与此同时，整个东岸地区反抗西班牙的革命都在轰轰烈烈地进行中。2月28日，佩德罗·何塞·比埃拉（Pedro josé Viera）与贝南西奥·贝纳维斯（Venancio Benavidez）在索里亚诺的阿森西奥河（Río Asencio）岸边发出"独立之声"（Grito de Independencia），又被称为"阿森西奥之声"（Grito de Asencio），乌拉圭人认为这是标志着他们为自由而战的实际开端。

布宜诺斯艾利斯"洪达"提拔阿蒂加斯为中校，同时提拔的还有另一位将成为阿蒂加斯竞争者与反对者的革命英雄何塞·龙德奥，龙德奥被任命为东岸的作战司令，阿蒂加斯任副司令，由此，这支远征军集结完毕，准备出征解放东岸。与此同时，东岸已经展开起义，而他们敬重的领袖阿蒂加斯与远征军即将到来的消息也大大振奋了东岸人民，在爱国热情的高涨中，属于东岸人民自己的解放运动轰然拉开序幕。3月初，阿蒂加斯被任命为司令官，统率东岸的全部乌拉圭义勇军，龙德奥则被任命为另一支军队的副司令。4月初，阿蒂加斯发出公告，赞扬了布宜诺斯艾利斯"洪达"并号召他的同胞参加"兄弟联盟并无条件地服从"革命领袖，各阶层的爱国者集结在阿蒂加斯周围，在他的领导下投身革命斗争。5月初，阿蒂加斯率领一支约由1 000名爱国者组成的先锋部队，将蒙得维的亚包围其中。5月18日，这支约1 000人的革命先锋队经过6个小时的鏖战，彻底击溃了埃利奥领导的西班牙守军，并切断了蒙得维的亚与内地之间补给品运输线,这就是著名的彼德拉斯战役,它是阿蒂加斯取得的首次重大胜利,也是东岸人民开始独立革命以来取得的首次重大胜利。这次胜利极大地鼓舞了周边其他西属美洲殖民地的爱国者,也使得阿蒂加斯成为唯一且真正的东岸人民的领袖。5月18日这一天被定为乌拉圭的陆军节。被围困的西班牙守军,已弹尽粮绝、溃不成军,其统帅埃利奥为使西班牙当局免遭爱国者袭击而向西班牙的盟友葡萄牙求援,而这一玩火自焚的行为正是葡萄牙长久以来所期盼的,于是葡萄牙从巴西派兵向东岸发起进攻,战争一直持续到1811年9月末,葡萄牙人已占领了东岸的大部分地区。

1811年10月,布宜诺斯艾利斯一方面惧怕葡萄牙人;另一方面急于摆脱两面夹击的局面,与西班牙人签订了停战协定,协定中规定,东岸人需将整个东岸地区让与埃利奥。阿蒂加斯对此举十分失望,但仍然说服他的追随者服从布宜诺斯艾利斯的命令,撤出了东岸。阿蒂加斯决意不再为布宜诺斯艾利斯政府效力,而要全心全意地为他自己的人民工作。于是,为了躲避西班牙人的报复与葡萄牙人的掠夺,更为了能够获得自由,共约1万多人的流亡者自愿追随阿蒂加斯出走东岸,这次在整个西属美洲解放运动中最为悲壮而又令人感佩的事件被称为"东岸人民出东岸"。这次戏剧性的事件也再次证明了阿蒂加斯在东岸人民心中的领袖地位,因为起初他试图劝说这些平民爱国者留在家园,但他们不愿屈辱地活,为侵略者耕种劳作,宁可牺牲宝贵的生命也要争取自由,东岸人对于他们的精神领袖阿蒂加斯的信任与敬佩,对自由的向往与渴望,使他们在流亡路上充满了坚定的希望与勇气。这些东岸人尽可能地销毁了那些带不走又不愿留给侵略者的家产,赶着牛车,肩背手提甚至用头顶着自己的财产,缓慢地走在流亡的路上。尽管这支散漫地流亡者队伍几乎已经成为阿蒂加斯军队行动的障碍,但阿蒂加斯对于这些无条件信任并推举他为自由革命领袖的人民充满了慈父般的关怀与自豪感。1812年1月,这支流亡者队伍经过2个月的旅行,横渡乌拉圭河,到达了阿根廷的恩特雷里奥斯省。这次东岸人民的出走被认为是乌拉圭国家形成的第一步。

1813年4月,阿蒂加斯在以当时的民主理论为基础,系统地构建了他自己的政治观点,其中包括脱离西班牙的统治,争取完全的独立,以及采取共和制政府形式执政的观点。1813年4月13日,阿蒂加斯签署了文件名为《写给东岸人民代表,为了在布宜诺斯艾利斯召开的制宪议会期间完成其所受委托的指示》(下称《指示》),这份文件被乌拉圭人认为是乌拉圭作为国家存在的基础之一。在这份1813年的《指示》中提出:拉普拉塔联合省脱离西班牙和波旁王朝的统治,宣布独立;把国家作为一个整体,国家政府的形式采取"联邦体制",实行民主共和制;国家政府所在地不应设在布宜诺斯艾利斯,各省的主权与自由不受任何其他省的侵犯。这份1813年《指示》被在4月召开的东岸地区制宪会议所接受,甚至还得到了那些受到布宜诺斯艾利斯独裁统治压迫的其他省份的支持。至今悬挂在蒙得维的亚议会大厦中的大型油画"1813年4月会议",就是胡安·勃拉奈斯·维亚尔为纪念这一伟大历史事件所作。然而,布宜诺斯艾利斯制宪大会拒绝接受东岸代表的要求,也就是拒绝接受阿蒂加斯的联邦主义。最终,阿蒂加斯与布宜诺斯艾利斯决裂。1814年1月20日,阿蒂加斯为摆脱束缚,重新独立,率领着一支私人卫队连同大部分东岸军,从包围蒙得维的亚的前线上悄然而退,在圣卢西亚河岸安营扎寨,与西班牙、阿根廷以及忠于阿根廷的东岸人展开了"三方战争"。1814年6月西班牙军队结束在东岸的势力,撤出蒙得维的亚,并向布宜诺斯艾利斯"洪达"宣布投降。这标志着西班牙殖民统治时代的结束。然而,阿蒂加斯反抗阿根廷和巴西,争取独立自由的斗争仍未结束。1815年1月10日,阿蒂加斯在与阿根廷军队交战的瓜亚博战役中,夺回了蒙得维的亚。3月,东岸人民成立了议会和政府。阿蒂加斯自封为"自由人民的保卫者"。与此同时,他组建了六省联邦同盟,其中包括阿根廷主张建立联邦的圣非、科尔多瓦、科连特斯和恩特雷里奥斯等省。他的部下还制作出了一面由红、白、蓝三色构成的共和旗,上面写着"除却自由,我无以捍卫亦无所畏惧"。

1816年8月,约1.6万名士兵组成的葡萄牙军队在卡洛斯·费德里科·莱科(Carlos Federico Lecor)的率领下从巴西入侵东岸,并于1817年1月占领了蒙得维的亚,而这一切都是在阿根廷的默许下进行的。1817—1820年,阿蒂加斯率领着只有8 000人的军队,在东岸省的乡村地区,坚持对葡萄牙进行抵抗,而这场战争最终以阿蒂加斯的失败而告终。1821年,葡萄牙人占领了东岸并将其并入葡属巴西,命名为"西斯布拉丁省"。战争失败后的阿蒂加斯被迫流亡巴拉圭,直至1850年9月23日客死于巴拉圭的亚松森,阿蒂加斯再也没能回到祖国的怀抱。

乌拉圭的独立

1822年9月7日,巴西宣布脱离葡萄牙统治,实现独立,但巴西依然继续控制着东岸地区,因此,东岸人民仍在进行反抗巴西入侵的斗争,一刻都未曾停止。截至1824年12月,除去东岸地区,整个西属南美洲都已脱离西班牙的统治而实现了独立。1825年4月19日,马努埃尔·奥里韦(Manuel Oribe)与胡安·安东尼奥·拉瓦列哈(Juan Antonio Lavalleja)率领33名东岸爱国者,在阿根廷军队的支持下,从布宜诺斯艾利斯出发,渡过拉普拉塔河,在科洛尼亚附近的阿格拉西达海岸登陆,同时宣布起义。1825年8月25日,收复了蒙得维的亚的东岸人,在佛罗里达宣告乌拉圭脱离西班牙而独立,并将8月25日定为乌拉圭国庆日。同时,东岸省众议院投票表决将东岸省并入拉普拉塔联合省,也就是阿根廷,此举引发巴西的强烈不满,随即巴西向阿根廷宣战。1827年2月20日,巴西在伊图萨因戈战役中被阿根廷所打败。这场战争一直备受英国的关注。首先,因为战争关系,巴西封锁了布宜诺斯艾利斯港,这极大地损害了英国与阿根廷之间的贸易往来;其次,连绵不断的战争带来的工商业解体,严重威胁到英国在拉普拉塔地区的商业利益;再次,英国期望建立在阿根廷与巴西之间建立一个缓冲国来实现商业利益的最大化。

1826年英国出面进行调停,其派驻在布宜诺斯艾利斯的公使约翰·庞森比向阿根廷和巴西提出在东岸建立一个独立国家的计划。1828年8月27日,阿根廷与巴西在里约热内卢签订了和平条约,结束了战争,并且双方同时承认乌拉圭的独立。1828年11月22日,乌拉圭举行了制宪会议,这一天也被定为乌拉圭议会的创建日。1828年12月13日,乌拉圭宣布完全独立。1830年7月18日,阿根廷与巴西批准通过乌拉圭宪法,乌拉圭东岸共和国正式宣告成立。1830年11月24日,何塞·弗鲁克图奥索·里韦拉(José Fructuoso Rivera)当选为乌拉圭东岸共和国第一任总统。

乌拉圭独立战争时期的社会与经济

乌拉圭在西属殖民地时期,东岸地区人口增长缓慢,至其1828年宣布独立时,全国人口仅有7万余人。乌拉圭实行宗教自由政策。信教人口占总人口的比重远小于其他拉美国家。由于西班牙征服东岸地区的时间较晚,1624年耶稣会传教士进入东岸地区传教时,并未取得与在新大陆其他地区同样的效果。东岸地区最初只作为布宜诺斯艾利斯主教区的附属单位而存在,直到1878年才分离出来建立了单独的主教区。因此,教会对于乌拉圭社会生活的影响及作用相对较小。

乌拉圭独立战争期间经济发展十分困难，到18世纪，在东岸的草场上放养着几百万头牛，这些牲畜最初是由西班牙殖民者带来的，东岸人民以猎取皮革为生的"皮革时代"仍在延续。在当时，欧洲是离东岸地区最近的农产品销售市场，而高昂的运输费用成为经营农业的内陆地区与贸易港口之间的巨大阻碍，与此同时，由于战时的关系，内地在当时几乎没有定居人口，也为农产品贸易的发展带来了不确定因素，而这些问题，直到19世纪初随着铁路、移民以及冷藏船只的出现，才得以逐步缓解。因此，在独立战争期间，畜牧业由于需要的人手少，没有运输环节以及低投入高回报而成为东岸地区人民唯一的实业。

乌拉圭独立战争时期的文学与艺术

西班牙对于东岸地区的殖民统治较晚也使得乌拉圭的民族意识形成时间较晚，乌拉圭的文学与艺术都比其他拉美国家发展要晚一些。19世纪初的独立解放运动极大地推动了爱国主义诗歌和喜剧的发展。《公共图书馆开幕演说》是乌拉圭第一篇经印刷流传下来的文学作品，其作者是乌拉圭独立后的首任主教达马索·安东尼奥·拉腊尼亚加（1771—1848）。乌拉圭诗歌及文学的开创者是弗朗西斯科·阿库尼亚·德·菲格罗亚（Francisco Acuña de Figueroa，1790—1862），著有《诗歌集》（*Mosaico Poética*）等作品，他是乌拉圭文人诗歌的代表人物，是西班牙新古典主义在乌拉圭的反映。

他曾参加过独立战争，是乌拉圭国歌的词作者，他的作品全面地呈现出了他所处时代的历史与价值观。乌拉圭民俗诗歌的代表人物是巴托洛梅·伊达尔戈（Bartolomé Hidalgo，1788—1823），著有《英雄的天堂》（*Cielitos heroicos*）和《爱国者对话》（*Diálogos Patrióticos*）等作品，他被称为拉普拉塔地区第一位民俗诗人，同时也是高乔诗歌的开创者。民俗诗歌反映了人民要求解放的心声，之后逐步形成为民族诗歌。高乔诗歌就是此类民族诗歌的典型，它集叙事、抒情于一体，表达出人民对政治自由和社会正义的强烈向往。英国人占领蒙得维的亚时，于1807年创办了乌拉圭的第一份报纸《南方之星》（*La Estrella del Sur*），它分别使用英文与西班牙文两种文字出版，随着英国人的撤退，《南方之星》随即停止发行。

乌拉圭早期的古典音乐受西班牙和意大利音乐影响较大。1824年，乌拉圭从欧洲进口了第一架钢琴。1830年5月14日，在蒙得维的亚上演了乌拉圭的第一部歌剧《受骗的幸运儿》。乌拉圭殖民地时期建筑遗存最多、保存最完整的地方是科洛尼亚。这座城市由葡萄牙人在拉普拉塔河地区修建，曾作为边防前哨使用，具有重要的军事要塞功能。这座军事要塞由军事工程师设计，用石头与砖块堆砌而成，要塞之内的殖民时期建筑至今仍保存完好。1995年，联合国教科文组织将科洛尼亚列入世界文化遗产名录。殖民时期的教堂与市政建筑多为巴洛克风格，其中最具代表性的建筑是蒙得维的亚大教堂。它的主体由葡萄牙工程师何塞·古斯托迪奥·德·萨阿在1784年设计完成，它的正面由西班牙建筑师托马斯·托尔维奥设计完成。这位西班牙建筑师在1799年，将欧洲学院派新古典主义建筑带到了新大陆，他还参与设计了科洛尼亚教堂、卡比尔多教堂以及具有新古典主义风格的蒙得维的亚市政厅。1828年乌拉圭独立之后，其建筑风格仍然深受新古典主义与法国帝国建筑的影响，这些建筑作为新国家权利的象征也见证着这片土地的荣辱兴衰。

第四章 独立初期的乌拉圭

1830年《宪法》

1829年12月，经制宪议会批准，1830年7月18日，乌拉圭颁布了第一部《宪法》。该《宪法》明确规定了国家的正式名称为"乌拉圭东岸共和国"。此后，乌拉圭又多次修改《宪法》，但民主共和体制从未发生改变。这部《宪法》深受法国与美国革命影响，明确实行三权分立的共和制。1830年《宪法》规定乌拉圭的政体为总统制，总统为行政权力首脑，由国会选举产生，任期4年，4年之后可重新当选。1834年通过的一项《宪法》修正案对1830年《宪法》做出了一定的修改，包括扩大国会对行政权的干预，规定国会有权对那些有"不可接受行为"的部长们进行弹劾。此后颁布的几部《宪法》都主要围绕政体改革而进行，改革的关键议题为实行总统制还是集体行政制。

1830年《宪法》共施行了87年，其间该宪法曾多次被违反，这也显示出了拉丁美洲《宪法》中普遍存在的一个问题：成文的宪章与国家的实际统治方式存在差异。乌拉圭是一个设有中央集权政府的国家，然而却存在一些强大的私人党派，这些党派所支持的是互相猜忌、敌视与竞争的"考迪罗"们（Caudillo，亦称考迪罗主义、考迪罗制度，原意是领袖、首领、头目。考迪罗制是拉丁美洲特有的军阀、大地主和教会三位一体的本土化独裁制度。在19世纪20年代独立后至20世纪前的拉美地区的大多数国家盛行。考迪罗在经济上依靠大地产大庄园主，在政治上靠军人专政来维持其政治统治。对外投靠外国势力，对内残酷镇压人民反抗）。因此，1830年宪法并没有使乌拉圭走上稳定发展的道路。但不论1830年《宪法》在乌拉圭引起什么问题，抑或是遗留下什么悬而未决的问题，它都促成了乌拉圭东岸共和国的诞生，它也是拉丁美洲国家历史上施行时间最长的《宪法》之一。

乌拉圭独立初期的内战与冲突

1830年乌拉圭第一部宪法颁布后，考迪罗们之间的权力斗争不断，外国势力对乌拉圭的干涉愈演愈烈，这使得乌拉圭陷入了长期的内战与冲突之中，国内形势一片混乱。

（一）考迪罗之间的权力之争

乌拉圭独立战争中涌现出了3位强悍的军事领袖：拉瓦列哈、里韦拉和马努埃尔·奥里韦，这三位军事领袖也就是之前提到的"考迪罗"。乌拉圭独立战争结束后，军队在新生国家中的分量大为增强，成为左右国家政局走向的关键力量。庞大的军事开支也成为这个新生国家最主要的公共支出,常常使政府的财政处于破产的边缘。作为军队的领袖,考迪罗自然而然在政治上具有举足轻重的发言权。他们中的一些人依靠军队的支持登上政治舞台,成为国家领袖。另一些人则在幕后操控政局,以非正常的方式废立政府,成为实际上的统治者。这样一来,独立战争的结束也就意味着考迪罗时代的开始。考迪罗的统治具有4个政治特征:

第一,考迪罗具有极端个人主义的自私性和贪婪性。考迪罗颁布宪法,但执行不力,缺乏明确的政治思想原则。考迪罗把夺取政权视为最大的战利品。在夺取政权之前,想方设法地夺取它,夺取之后,千方百计地维护它。然而,政权一旦到手,考迪罗就与大地主和教会结合起来,通过征税、纳贡、直接剥夺以及向各国贷款等方式,鲸吞人民财富。

第二,考迪罗在政治组织上具有严重的地区性、宗派性和松散性。考迪罗虽然组织党派,但是缺乏像资产阶级政党或其他政党那样有严密的组织原则。考迪罗往往凭借个人魅力和声誉,组织家庭、亲戚或同一地区的地主、冒险家等为核心成员,胁迫债役农、佃农等农民组成私人性质的地主武装。考迪罗要求追随者们绝对服从自己,贯彻一种下级绝对服从上级的原则。在同一国家或地区内,考迪罗彼此之间却常常视为仇敌,占地为王,称王称霸。考迪罗一般属于保守派;有些也属于自由派;有些考迪罗此时属于保守派,彼时属于自由派;有些考迪罗表面宣扬的是自由派,行动上却是保守派。可见,考迪罗结成的各种党派组织,是类似一种缺乏定见的地区的、宗亲的派别组织。

第三,考迪罗的统治手段具有残酷性和恐怖性。考迪罗实行统治的手段极其残酷恐怖。一般来说,考迪罗总是使用暴力或通过"政变"的方式进行夺权,并依靠暴力来维护其政权。考迪罗在其统治期间,始终实行暴力加恐怖的政策。有的考迪罗建立特务组织,设立告密制度。实行"意见统计",将反对自己的人列入黑名单,并将黑名单交给反动组织,进行镇压,或罗织各种罪名,将反对者予以流放、监禁或驱逐出境。在考迪罗统治期间,国与国之间,地区与地区之间,经常发生考迪罗之间的猜忌与斗争。胜者总是要把败者赶尽杀绝。

第四,考迪罗当权的政局往往呈现出历史上罕见的不稳定性。考迪罗既定的夺权政策和残酷统治,不光会引起国内人民的反抗,激起无数次暴动和革命,还将必然引起考迪罗之间争夺政权的争斗,导致政权的频繁更迭,从而引起国内政局动荡和不稳。各个考迪罗的统治时间长短不一,有的只有几小时,有的只有 10 天数月或数年,能统治 10 多年或几十年而不被推翻的考迪罗政权实属罕见。因此,考迪罗统治拉丁美洲期间的暴动之多,政权更迭之频繁,在世界历史上也为鲜见。

乌拉圭独立后,拉瓦列哈、里韦拉和马努埃尔·奥里韦这三位考迪罗,在巴西与阿根廷等外国势力的操纵下,拉开了争权夺利的序幕。1830 年宪法颁布以前,拉瓦列哈曾被任命为第一任地方长官,管理东岸地区。1830 年宪法颁布以后,里韦拉将军宣布就任乌拉圭第一任制宪总统（1830—1835）。在里韦拉担任总统期间，拉瓦列哈曾组织3次叛乱，均以失败而告终，这也为两位考迪罗之间的矛盾埋下了种子。奥里韦作为33位东岸爱国者成员之一，后来担任了乌拉圭的第二任总统，在他执政期间，拉瓦列哈及其部下被获准从巴西返回国内，此举引起里韦拉将军的极大不满。1836年，里韦拉将军发动起义试图推翻奥里韦政权。在9月19日发动的卡品特里亚战役中，奥里韦总统的军队以蓝色丝带装饰于帽边作为标志，后来在太阳的照射下蓝色被晒褪色变白，故俗称白党（Partido Blanco），白党主要代表农牧业主和天主教势力的利益。战斗前，为区别于对手，里韦拉将军命令他的士兵从披巾中撕下一条红色的带子装饰于帽边作为标志，故俗称红党（Partido colorado），红党政治倾向于社会民主主义，主要代表工商资产阶级和自由职业者的利益。此时，外国势力也借两党斗争之机染指乌拉圭事物。奥里韦获得了阿根廷的支持，里韦拉获得了法国的支持，在当时，法国人与阿根廷独裁者罗萨斯之间的矛盾处于不可调和的时期。1838年，里韦拉将军取得了两党斗争的胜利，并于同年3月再次当选为乌拉圭东岸共和国的总统。1839年，乌拉圭红党总统里韦拉将白党领袖、前总统奥里韦流放到阿根廷。

（二）"大战争"(La Guerra Grande, 1839—1852)

1839—1852年的"大战争"使得乌拉圭红、白党冲突达到高潮。在这场战争中，流亡阿根廷的白党领袖奥里韦在阿根廷罗萨斯政权的帮助下向乌拉圭国内的里韦拉政权发起挑战。1839年，阿根廷布宜诺斯艾利斯省省长胡安·曼努埃尔·德·罗萨斯（Juan Manuel de Rosas，1793—1877）率领的军队在与乌拉圭白党的里应外合下攻入乌拉圭。乌拉圭红党领袖里韦拉在法国海军和阿根廷国内反罗萨斯势力的支持下，向这位阿根廷的独裁者宣战，并成功地将罗萨斯的军队逐出了乌拉圭。然而次年，里韦拉的力量遭到了削减，原因是法国与阿根廷的罗萨斯达成协定，将法国的军队撤出了拉普拉塔地区。这场在阿根廷的领土上进行的战争断断续续地持续了3年，1842年，白党领袖奥里韦与阿根廷独裁者罗萨斯的军队取得了这场战争的胜利。1843年2月16日，乌拉圭白党与罗萨斯率领的军队包围了蒙得维的亚，乌拉圭人民为保卫自己的首都，进行了长达9年的反抗斗争。这次包围被历史学家亚历山大·杜马斯（Alexandre Dumas）称为"新特洛伊战争"。在这次保卫蒙得维的亚的战斗中，里韦拉将军领导的乌拉圭红党军队还得到了阿根廷反对独裁者罗萨斯的3个省组成的军队以及法国、意大利、西班牙等国组成的志愿军的支援。尤其值得一提的是，意大利政治流亡者加里波第及他所领导的"红衫党"也参加了这次保卫战，因此，乌拉圭人民在今天仍将他视为乌拉圭的民族英雄。

乌拉圭为阿根廷与巴西两国之间的缓冲国，阿根廷将乌拉圭吞并的势头无疑十分令人担忧。为了保证贸易顺利进行，确保拉普拉塔河地区的自由航行，英国与法国通过海上舰队向蒙得维的亚城内驻守的军队提供了援助与补给，并且于1845年12月封锁了布宜诺斯艾利斯港。由于战争的持续进行,失去耐性的英国与法国先后从乌拉圭撤军,这一行动险些导致蒙得维的亚的陷落。1851年,罗萨斯的反对者阿根廷恩特雷里奥斯省省长乌尔基萨(Justo José de Urquiza)率军起义,同年5月,巴西也向保卫蒙得维的亚的乌拉圭里韦拉红党军队提供了资金与军事援助。长久以来的斗争以及外国势力对乌拉圭事物的干涉,使得红党与白党决意放下胜负,于是在乌尔基萨的推动下,红、白两党握手言和,并于1851年10月,与阿根廷恩特雷里奥斯省省长乌尔基萨以及巴西结成反罗萨斯同盟。1852年10月,同盟军在卡塞罗斯山击败了罗萨斯。罗萨斯在阿根廷倒台之后逃往英国,作为红党的支持者,乌尔基萨率军随即解除了蒙得维的亚的包围。

"大战争"的结束消除了乌拉圭独立的威胁,并使乌拉圭摆脱了阿根廷的控制,红、白两党的考迪罗之间也实现了部分和解。自乌拉圭独立起,乌拉圭的政权就牢牢把握在红党和白党手中,红、白两党之间长期的内战与权力争斗,再加上外国势力利用两党之间的斗争染指乌拉圭事务,使得乌拉圭国内陷入了长期的战乱与动荡之中。

(三)"大战争"后的乌拉圭

"大战争"期间,为酬谢巴西在内战中给予的财政与军事的支持,乌拉圭红党政府于1851年与巴西签署了5个条约,这些条约赋予了巴西许多特权,并使乌拉圭几乎沦为巴西的卫星国。条约规定巴西可干涉乌拉圭内政，可引渡逃跑的奴隶与罪犯，可在乌拉圭河及其支流航行，可免税向巴西出口牛和咸肉，并且巴西在内战期间向红党提供的经济与军事援助变为乌拉圭欠巴西的债务。这些条约无疑是雪上加霜，使得乌拉圭的经济发展更加困顿。除去这些条约外，由于当时乌拉圭的国库毫无收入，巴西同意向乌拉圭提供更多的贷款。同时，乌拉圭将夸雷姆河北部的领土让与巴西，确定以夸雷姆河为巴西与乌拉圭两国的西北边界，巴西获得了在两国间的天然界河米林和亚瓜龙河上的专属航行权。巴西拓荒者借此时机大批涌入乌拉圭境内，购买大量庄园，当时登记在册的巴西拓荒者人数高达2万人，约占乌拉圭总人口的10%—15%，其名下的土地面积约占乌拉圭领土面积的30%。

1853年白党执政期间，总统胡安·弗朗西斯科·希罗（Juan Francisco Giró）领导的政府被红党军队所推翻。而总统加布列尔·佩雷拉（Gabriel Pereira，1794—1861）执政期间，曾挫败过6次政变企图。为遏制巴西在乌拉圭领土上的扩张，1860年上台执政的白党总统贝尔纳多·贝罗（Bernardo Berro，1799—1868）制定并实施了一系列维护民族主权的措施：首先，鼓励乌拉圭人民移民至边界地区定居；其次，限制那些移居到乌拉圭的巴西大庄园主们雇用奴隶；再次，拒绝继续履行1851年"大战争"期间巴、乌两国签署的贸易条约，对出口巴西的牛征收赋税；最后，对乌拉圭境内的土地及牲畜征收较高的直接税，从而使巴西庄园主们履行缴税义务。

这些措施的执行引起了巴西庄园主及巴西政府的强烈不满。1863年，红党政府在阿根廷的支持下，卷土重来，再次发动叛乱。巴西借此机会，以1851年条约为借口，于1864年9月派军队进入乌拉圭，并支持乌拉圭红党政府的叛乱。1865年2月，红党政府推翻白党赢得胜利，红党领袖贝南西奥·弗洛雷斯（Venancio Flores，1808—1868）上台执政。

被颠覆的乌拉圭白党的支持者是在19世纪初迅速崛起的巴拉圭，这次政权的颠覆也引起了巴拉圭独裁者弗朗西斯科·索拉诺·洛佩斯（Francisco Solano López）的不满，这位巴拉圭的独裁者决定先发制人，分别向巴西与阿根廷宣战。1865年5月1日，乌拉圭、巴西与阿根廷在布宜诺斯艾利斯秘密签订共同反对巴拉圭的三国同盟，并组成三国同盟军，同巴拉圭进行了为期5年的巴拉圭战争（1865—1870），最终以三国同盟军的胜利为结果结束了这场惨烈的战争，参战双方损失惨重。

19世纪初，乌拉圭也曾出现过其他政党，例如自由联盟、激进党、制宪党等，但这些政党存在的时间都较短。1830年起，乌拉圭所经历的25届政府中，9届政府被推翻，2届政府首脑被暗杀，1届政府首脑身负重伤，10届政府经历叛乱之后得以生存，只有3届政府完整地结束其合法任期。乌拉圭的红党和白党直至20世纪初（1830—1903）才结束内战。

独立初期的乌拉圭，对外政策并不清晰。并且在独立后相当长的时间内，乌拉圭一直都是南美洲最大的两个国家巴西与阿根廷之间的一个缓冲国。此时的乌拉圭被撕扯成红色与白色两个对立的部分，他们分别向巴西与阿根廷寻求支持，而这正是由于缺乏民族认同性而导致的结果。通俗来说，红党的支持者为巴西，白党的支持者为阿根廷。巴西与阿根廷也正是利用了红党与白党之间接连不断的猜忌矛盾与权力斗争，才有机会对乌拉圭的内政外交横加干涉。

乌拉圭独立初期的社会与经济

乌拉圭独立初期，国内政局动荡，政府无暇顾及教育。1833年，达马索·安东尼奥（Dámaso Antonio）神父向当局提交了建议设立7个大学学科的法案。于是，1849年，共和国大学建立了，这是拉丁美洲国家建立的第19所大学。尽管这所大学当时只有一个法律系。19世纪，乌拉圭的中等教育发展较为缓慢。共和国大学在1849—1877年直接管理中等教育。在当时，中等教育相当于大学的预科，学生接受中等教育主要是为将来进入大学学习做准备。截至1850年，乌拉圭全国共有30所学校，大约3 000名学生。1854—1855年担任公共教育部门秘书的何塞·帕洛梅克（José G. Palomeque）为了改变乌拉圭教育落后的状况，提出了一套改革措施，包括将学校的教育系统化与统一化，设立教育教学专项基金，重视及普及女性接受教育，培训教师以提高教师数量，推行义务教育制度等。这一系列教育改革计划得到了政府当局的赞赏，但直到这位秘书任期结束时仍未有一项措施付诸实践。

19世纪初,由于乌拉圭畜牧业发展迅速,劳动力需求扩大,大量欧洲移民因为战争的关系,进入东岸地区。因此,当时的蒙得维的亚出生的外国人比当地人数量还多,但人口增长率仍然处于较低水平。宗教方面,在红白党执政时期,白党虽支持教会,但其在乌拉圭政治中无法起到主导地位。在乌拉圭政治中起主导地位的红党则主张自由,并且反对教会干涉国家事务。1837年,政府承认世俗婚姻。而随着世俗化进程的发展,教会在乌拉圭生活中的比重逐年降低,近乎消失。

乌拉圭独立初期,经济发展迟缓。在"大战争"爆发期间,乌拉圭经济遭到沉重打击,经济发展几乎停滞不前。由于连年战争不断,城市与乡村人口大幅减少,牲畜数量锐减。1843年,牛的存栏数可达到600万头,而到1852年内战结束后,牛的存栏数只有200万头。而后来因为红、白两党政权斗争引发的"长矛叛乱"也对国家经济造成了严重的破坏,其对国家经济的破坏程度仅次于"大战争"。

内战结束之后,1855年11月11日,红、白两党之间签订了《联合公约》,这为乌拉圭带来了一段相对和平稳定的发展时期,国内的社会生产、生活逐步得到恢复。1852—1862年,乌拉圭畜牧业迅速发展,牛的存栏数量从200万头,增长至800万头,牛群的质量也因为优质种牛的引进而得到大幅改善。与此同时,羊类养殖业同样发展迅速,英国纺织业对羊毛需求不断增长,极大地促进了乌拉圭羊类养殖业的发展。到1870年以后,羊存栏数已大大超过牛存栏数。乌拉圭的主要畜牧产品为肉类、羊毛和乳制品。这些产品在满足国内需求的前提下，主要用于出口贸易。1863 年，乌拉圭建立了第一座现代化屠宰厂，同时，肉类包装技术传入乌拉圭，极大地推动了乌拉圭对欧洲罐装牛肉的出口贸易。从此以后，牛肉的生产与出口成为乌拉圭经济的重要组成部分，是乌拉圭最重要的财富来源。1871 年，乌拉圭成立了对农牧业具有重要影响的行业组织，乌拉圭农业协会（Asociación Rural del Uruguay）。它具有推动技术发展的重要作用，从不对行业施加任何政治影响。由于乌拉圭农村协会捍卫农村传统，且能对决策者施加正式或非正式的影响，使得它在行业内声名远扬。1857—1858 年，蒙得维的亚印刷工人开始筹备组建行业工会组织，1870 年东岸印刷协会（Sociedad Tipográfica Oriental）正式成立。随后，其他行业的劳动者也都相继成立了自己的行业工会。1862 年，"比索"作为国家货币流通发行，极大地推动了商业活动的开展。随着经济的不断发展，各类社会公共设施也逐步完善起来。1853 年第一家煤气公司正式成立，1857 年第一家银行挂牌营业，1860 年第一家污水处理厂建成开工，1869 年第一条通往内地的铁路正式通车，1871 年第一家自来水厂建成竣工。

乌拉圭独立初期的文学与艺术

乌拉圭独立初期，古典主义逐渐被浪漫主义所取代。乌拉圭抒情诗最重要的代表人物是胡安·卡洛斯·戈麦斯（Juan Carlos Gómez）。除此之外，表现高乔人生活的诗歌在当时也具有重要地位。安东尼奥·卢西奇（Antonio Lussich，1848—1926）的诗歌《三个东岸高乔人》与《强盗卢西亚诺·桑托斯》是高乔诗歌的重要代表作。1865年，马加里尼奥斯·塞万提斯（Alejandro Magarinos Cervantes，1835—1839）出版了乌拉圭的第一部小说《卡拉穆斯》。19世纪70年代，哲理散文在乌拉圭文学作品中占据统治地位，乌拉圭第一个重要的散文作家是何塞·佩德罗·巴雷拉（José Pedro Barrera，1845—1879），他出版了《人民的教育》一书。同一时期的作家还有弗朗西斯科·包萨（Francisco Bauza，1849—1899），他曾撰写出版了《文学研究》与《西班牙对乌拉圭的统治史》。乌拉圭独立初期曾发行过一些报纸，比如《海事电讯报》《世纪报》《和平改革报》等，但这些报纸发行时间都较短。

乌拉圭最大的图书馆是修建于1816年5月26日的国家图书馆。它的首任馆长是历史学家达马索·安东尼奥·拉尼亚加。图书馆建馆伊始有藏书5 000册，后来通过征集私人馆藏、接受国内外赠书的方式，不断扩充馆藏。1842年，乌拉圭政府颁布法令，规定所有新出版的图书必须向国家图书馆送交样书，以便扩存。这一法令对于国家图书馆充实馆藏起到了积极有效的作用。1837年，乌拉圭还修建了国家博物馆。1841年，政府修建了乌拉圭最著名的剧院索利斯剧院。它由意大利建筑师设计并于1856年修建完工，共有2 800个座位，是当时整个南美洲最大的歌剧院。

第五章 现代民族国家的诞生

军人政府时期

1873年,何塞·埃乌赫尼奥·埃廖里(José Eugenio Ellauri)政府上台后,乌拉圭的经济情况并不理想。对于政府来说,军备管理不当,使得国家军备库存不足;而对于人民来说,武器则唾手可得。这样一来,当国内的社会中心发生武装冲突时,国家无法及时采取有效措施。当时乌拉圭国内的经济主要依靠畜牧业,而这一产业本身的发展却不尽如人意,牲畜繁殖率极低。这种经济模式限制了乌拉圭在经济危机中的自救能力,因此,1872年的经济危机使乌拉圭共和国的经济遭受了极大的损失,其外贸一直处于赤字状态,国内失业率极高,而政府却没能采取任何有效措施。直至1875年,情况都没有得到好转。群众的不满情绪逐渐累积,1875年1月15日,洛伦索·拉托雷(Lorenzo Latorre)上校利用这种不满情绪,加上武器获得渠道的便利,发动并领导了军事政变,推翻了何塞·埃廖里政府,于是,何塞·佩德罗·巴雷拉(José Pedro Varela)政府登上政治舞台。

巴雷拉为了巩固自己的政权,逮捕了大量的反对派政治家和领导人并将他们流放。此外，政府大量发行纸币、缓期偿还国债等一系列措施，使国家的经济状况更加糟糕。群众的不满情绪再次累积，社会各阶层的人们组织了诸多的反抗活动，政府对这些活动的处理方式则是强力镇压，从而引起了"三色革命"（Revolución tricolor）。最终，武装暴动被镇压，巴雷拉提出了辞职。

1876年3月，国内的商人、庄园主和外国居民针对共和国无政府的现状召开了一次大型会议。他们把国家所面临的经济危机归咎于民主政府的无作为，决定实行军人政府。因此，洛伦索·拉托雷政府上台，其本人成为临时总统。从此，乌拉圭经历了几乎10年的军政府统治。拉托雷政府的主要目标是实现内部和平与秩序，确保个人的权力和财产权。他不支持军人，也不支持其他的政党。虽然他的统治极其专制，但这样的统治巩固了权力的集中，对共和国现代经济的发展起到了一定正面的作用。

拉托雷政府在任时期，军国主义成为权力的基础。这得益于巴拉圭战争和长矛革命，乌拉圭的军队数量不断扩大，同时也逐渐专业化，尤其是在巴拉圭战争中，人们看到了军队的力量，这使得军队赢得了群众基础，同时也获得了技术力量的革新。拉托雷依靠当时的技术进步，巩固了共和国的政治稳定。1876年5月，军政府采用雷明顿牌步枪和卡宾枪作为军队的武器，同时垄断雷明顿武器厂，禁止个人拥有武器，居民须将武器上缴国家。在雷明顿武器厂被垄断后，共和国内的另一大武器厂也被占为国有。国内的考迪罗逐渐失去了武器来源，终因力量差距悬殊而抗争失败。另一部分考迪罗则归顺于国家，为军队卖命。拉托雷不像以前的国家总统那样需要考迪罗的保护，因为他已经极高地统一了国家的军队力量。通信的运作也为国家提供了便利，拉托雷也是第一个用电报检查区域情况的统治者，电报加快了信息传递的速度，更加方便了军政府与地方考迪罗联络。铁路的发展更是为中央集权提供了许多便利，军队可以迅速转移，平定国家的革命。

拉托雷让军队不仅仅作为某一政党的军事组织出现，而且取代了传统政党（红党和白党）和新兴政党，成为国家的主要势力团体。拉托雷没有建立一个支持军事的政府，但是自己却拥有极大的专制权力，这使得他可以制定相应的规定和标准，引导国家走上现代经济发展的道路。他保护了庄园主的私有财产和权利，同时也促进了国家的科技管理现代化。除了中央集权外，拉托雷政府时期在司法、监督、通信、交通和教育方面都取得了不小的进步，这些都促使着东岸共和国走上现代化的道路。

然而，共和国上层政治领导人中仍然存在着失职、脆弱和虚伪等问题，国家的权力几乎都掌握在上层商人、农村上层人士和外国投资者的手中。国会效率低下，争论永远多于实际有益的解决办法。由于无法忍受这种现状，1880年3月13日，拉托雷上校提出了辞职。国会接受了他的辞职，任命弗朗西斯科·安托尼奥·维达尔·希尔瓦 (Francisco Antonino Vidal Silva) 为临时负责人。由于政治立场不同，拉托雷被流放至布宜诺斯艾利斯，并最终在那里去世。

1882年，希尔瓦由于身体原因提出辞职，国会重新选举马克西莫·桑托斯（Máximo Santos）为国家总统。在其结束了4年的任期以后，希尔瓦再次被国会选举为总统，但是他在1886年5月又一次提出了辞职，马克西莫·桑托斯再次成为总统。尽管桑托斯是红党的一员，但是由于他的独裁统治，使得其本人没有受到来自任何一方的帮助，甚至是自己政党的帮助。桑托斯第二次当选总统时，遭到了红党、白党和宪法党三方反对派的共同抵制。三党反对派联合发动了革命，最终被桑托斯政府镇压下去。与前领导人不同，桑托斯没有流放这些党派领导人，反而原谅了他们，这些人中包括乌拉圭之后的多位总统。此后，桑托斯还经历了暗杀。1886年，11月，桑托斯因身体原因向国会提出辞职，在之前的镇压革命中表现突出的马克西莫·塔赫斯（Máximo Tajes）将军被推举为其继任者。

塔赫斯将军在任期间，乌拉圭的军政府主义逐渐衰落。他颁布了两部流放法，阻止前总统桑托斯和拉托雷回到乌拉圭。在这一时期，得益于阿根廷的投资，乌拉圭还经历了一段短暂的经济繁荣时期。然而，乌拉圭经济面临的一些困难，以及阿根廷政治不稳定等因素，导致阿根廷将投资撤出乌拉圭，这使得乌拉圭再次陷入了经济危机。1890年3月，塔赫斯任期届满卸任。至此，乌拉圭军人政府时期宣告结束。

文人政府时期

塔赫斯政府执政的 4 年可以说是军人政府与文人政府之间的一个过渡时期，这一阶段政府基本在按照国家首相胡里奥·埃雷拉·奥维斯（Julio Herrera y Obes）的意愿行动，这位首相为文人重新获得权力做出了极大的贡献。虽然军政府实施了一系列的措施，使乌拉圭走上了现代化的道路，但是人们没有忘记，军政府始终是一个独裁政府，国家需要恢复法制。民族党、红党和宪法党都举行了游行来对军政府表示抗议。1890 年，塔赫斯任期结束以后，胡里奥·埃雷拉·奥维斯当选为总统。埃雷拉认为，国家应该由一个特定的社会团体来治理，因此他认为，总统拥有合法的权力，来指定下一任的候选者，以避免其他政治势力的插手。同时，他还认为，只有红党内的自己人才能够把国家治理好，因此埃雷拉任期结束时，指定了下一任总统候选人，这引起了民族党和红党内部反对派人士的反对。国会经过 21 天的投票，到最后才确认埃雷拉指定的候选人胡安·伊迪亚尔特·波尔达（Juan Idiarte Borda）为总统。

这一场不太"公正"的选举就引起了诸多人的不满，国内经济危机和政府管理不当更是加重了这种不满的情绪。1897 年 3 月 5 日，乌拉圭爆发了革命。这场革命由考迪罗阿帕里西奥·萨拉维亚（Aparicio Saravia）领导白党进行，持续了约 5 个月的时间，最后以伊迪亚尔特·波尔达总统被暗杀而终结，胡安·林多尔夫·奎斯塔斯（Juan Lindolfo Cuestas）担任临时总统，并主持了和平谈判。1898年9月18日，双方达成一致，签订了科鲁兹协议（Pacto de la Cruz），这是乌拉圭历史上第一次以和平方式结束的内战。协议中规定了白党控制乌拉圭共和国19个省当中的6个省，并且规定了选举制度的改革和赔偿等问题。然而这一协议并未从实质上解决国家的问题，反而把国家分裂为红党政府和萨拉维亚政府两部分，这种局势一直僵持了7年。在奎斯塔斯在任期间，他解散了议会，并组建了与之人数相同的国务院。1903年，奎斯塔斯曾尝试让自己的儿子接任自己的总统职位，但以失败而告终。就这样，奎斯塔斯结束了自己的任期。

乌拉圭19世纪末期的社会与经济

内部的和平与政府权力的集中为乌拉圭共和国人口、经济、社会和文化的发展都提供了极大的便利。1830年，乌拉圭的人口只有约7万人，到了1900年人口达到约100万人。较高的出生率和较低的死亡率一直持续到1890年，使得乌拉圭人口在70年间增长了14倍，这是任何一个美洲国家都无法与之比拟的。1890年，出生率开始下降，女性的平均结婚年龄由20岁上升至25岁，国内开始出现人工节育的方法。在人口方面的另一个特点就是大量欧洲移民的迁入。19世纪初时，乌拉圭人口稀少，因而吸引了大批来自法国、意大利、西班牙等地的移民，其中50％的移民居住在蒙得维的亚。到1908年,乌拉圭的外国人在全国总人口中占比达到了17%。生活在乌拉圭的欧洲人大多以经商为目的,到1880年左右,他们已经成为乌拉圭农村和城市的主要所有者,拥有蒙得维的亚56%的资产和乡村58%的资产。

除人口之外,乌拉圭的经济结构也发生了改变。1861年,由于美国南北战争的爆发,纤维、棉花等竞争性产品数量减少,羊毛在国际市场的价格大幅上涨。1850—1870年,乌拉圭开始对外出口羊毛。根据乌拉圭1852年进行的普查,绵羊的数量减少至80万只,每一只可以产出400—500克的羊毛,用于制作床垫等物品。此后,乌拉圭开始引进法国、德国的绵羊,以增加本国羊毛的产量。到了1868年,绵羊的数量达到了1 700万只,每一只可以产出1 150克的羊毛。1884年,羊毛超过皮革,成为乌拉圭财政收入最多的出口商品,同时也是乌拉圭最主要的出口商品。除了羊毛以外,乌拉圭还向巴西和古巴出口腌肉,向英国和美国出口皮革。与英国和欧洲开展的自由贸易为乌拉圭商品的出口提供了极大的便利,这一自由贸易使得乌拉圭的经济状况能够保持持续稳定。

城镇结构也发生了改变。1860年,英国开始在乌拉圭进行投资。到了1884年,投资额达到了650万英镑。英国人在乌拉圭建设了铁路,投资了自来水、燃气、电话和有轨电车等社会公共服务项目,还增加了其对政府的贷款,并几乎垄断了乌拉圭的保险市场。在铁路方面,19世纪末期,乌拉圭的铁路得到了高速发展。尤其是维达尔和桑托斯政府时期,铁路长度增加,桥梁建设也得到了很好的发展。1886年，黑河上架起了第一座铁路桥，使得在地理上一直被一分为二的乌拉圭终于被连接在了一起。1879年，乌拉圭国内铁路总长度为287千米，然而到了1889年，铁路总长度达到了705千米，是10年前的2倍多。

不过，这些英国人投资的项目却引起了乌拉圭人的不满。税费高，服务差，英国人的高度垄断使乌拉圭人不得不怀疑，国家的大部分资产都流到了英国人的手中。因此，1888年，国家立法规定，严格控制铁路公司的结算，并于1896年成立了乌拉圭的第一家银行，乌拉圭东岸共和国银行。

1877年中期，乌拉圭的邮政服务重新运营。商人收发信件的地方柜台逐渐国有化，乌拉圭政府在国内建设了超过200家邮局，还在铁路上设置了检查机构和邮政营业员。1879年，乌拉圭签署的《巴黎万国邮政协议》，使其与欧洲和北美洲的中心建立了更加经济实惠的同盟关系。

拉托雷政府时期，大力推动了司法部门的现代化，任命法官代替市长行使司法权力，还颁布了一系列条例来维护法律体系。1879年，共和国通过了《居民登记法》（*Registro de Estado Civil*），居民须在地方法院登记出生、死亡、婚姻和其他相关法律信息，而在此以前这一工作一直由教会负责。1885年，政府开始强制实施公证婚姻，规定公证婚姻必须先于宗教仪式前举行。在经济方面，为了提高农村地区的生活水平，拉托雷于1879年颁布了《农村条例》（*Código Rural*），强制规定各个庄园之间必须有明确的边界，使得庄园主在庄园周围都建立了围栏。军政府还建立了专门给牲畜标记烙印的机构，规定所有牲畜必须进行标记，以避免出现纠纷，从而确保庄园主对其的所有权。同时，允许大庄园主在军队的帮助下建立自己的治安队伍。另一方面，国家强制关闭了一些小型牲畜庄园，这造成了原来小庄园里雇工的失业。此外，拉托雷政府期间，最为重要的改革之一便是由何塞·佩德罗·巴雷拉领导的教育改革。在公共教育局工作的巴雷拉向军政府提案，要求建立免费的世俗义务教育学校，同时还制定了学校的课程规划方案。这一提案于1877年通过，并且形成了《共同教育法令》（*Ley de Educación Común*）。到1877年末，乌拉圭共和国内共开设了196所公立学校，注册学生数量达到1.7万多人。3年后，学校数量上升至310所，学生数量也达到了2.4万多人。这一系列的教育改革奠定了乌拉圭经济政治现代化的文化基础。就这样，乌拉圭成了20世纪最早欧洲化的拉丁美洲国家。

但是在1890年，乌拉圭经历了一次严重的经济危机，银行倒闭，股市崩盘、贸易关闭、建筑停工、失业率增长、工资减少等问题初见端倪。由于阿根廷布宜诺斯艾利斯港口的建成，蒙得维的亚变成了一个小小的停靠港，许多企业选择将自己的最终基地建立在阿根廷，这使得乌拉圭的出口量大幅度减少。由于移民的迁入，乌拉圭的奢侈品需求量变大，导致进口额大于出口额，造成了国家无法承担的贸易逆差。

乌拉圭 19 世纪末期的艺术与体育

（一）文学

在文学方面，19 世纪乌拉圭出现了很多颇有名气的文学家，他们不仅出版了诸多流传久远的作品，一些人还积极投身于政治舞台之中。

爱德华多·阿塞维多·迪亚斯（Eduardo Acevedo Díaz）被认为是乌拉圭民族小说的创造者。他以乌拉圭对抗西班牙和巴西的独立战争以及第一次内战为背景，写出了以《伊斯玛埃尔》（*Ismael*，1888）、《土著》（*Nativa*，1890）、《光荣和呐喊》（*Grito de Gloria*，1893）和《长矛与马刀》（*Lanza y Sable*，1914）组成的四部曲。在他的其他作品《布兰达》（*Brenda*，1886）、《孤独》（*Soledad*，1894）和《米内思》（*Minés*，1907）中，除了对乡村人物的现实主义描写，同样也蕴含着爱情故事的浪漫主义气息。其中，《孤独》一书是迪亚斯的代表作，小说为我们再现了南美洲的自然风光和高乔人的生活。此外，他的作品还有短篇小说《废墟的战斗》（*El combate de la tapera*，1892）、《拉普拉塔地区的神话》（*Épocas militares en el Río de la Plata*，1911）、《小公民的书》（*El libro del pequeño ciudadano*，1907）等。

此外，迪亚斯还积极参与政治活动。1870 年，还在读大学的迪亚斯从学校辍学，投身到反对洛伦索·巴特列的革命活动中。

1872年，长矛革命末期时，他创办了自己的报纸《共和国报》（*La República*），并且在上面发表了自己的第一篇文章。同年6月，革命结束后，他到蒙得维的亚服役于民族党的军队。1873年，迪亚斯开始为《民主报》（*La Democracia*）写作，并于1875年创办了《乌拉圭杂志》（*La Revista Uruguaya*）。在这些媒体上，他大力抨击了佩德罗·巴雷拉政府，这也造成了他的第一次流放。在反政府的三色革命失败后，迪亚斯在阿根廷定居，继续他的新闻作者生涯。回到乌拉圭以后，他又在《民主报》上发表自己对洛伦索·拉托雷政府的不满，这迫使他逃亡到布宜诺斯艾利斯。再次回到蒙得维的亚之后，迪亚斯创办了闻名乌拉圭历史的《国家报》。此外，他还被民族党选举为国会的参议员，参与了1897年由民族党考迪罗阿帕里西奥·萨拉维亚领导的起义。1898年，他被总统奎斯塔斯选为国务院的一员，并且在政治上逐渐疏远了萨拉维亚，反而一点点地开始坚定地支持何塞·巴特列政府，这使得他开始逐渐远离民族党。1904年以后，巴特列委派给迪亚斯外交官的任务，此后迪亚斯开始奔走于欧洲和拉丁美洲之间。

哈维尔·德比亚那（Javier de Viana）是19世纪著名的小说家。他的作品中有对田园风光的详细描述和对话的巧妙应用。他的代表作是1899年出版的长篇小说《高乔姑娘》（*Gaucha*, 1899），小说讲述了两个身份地位完全不同的年轻人之间的爱情。这本书充分体现了法国自然主义对乌拉圭文学的影响，书中详细地描述了原始乡村环境，引发了乌拉圭艺术家对自然主义的讨论。此外，德比亚那还出版过多部短篇小说，比如小说集《田野》（*Campo*，1896）、短篇小说《杂草》（*Yuyos*，1912）等。

同一时期，比较著名的浪漫主义小说代表作家是卡洛斯·菲力克斯·罗克西洛·米拉耶斯（Carlos Félix Roxlo y Miralles）。他的作品种类丰富，与高乔诗歌和乌拉圭的文学作品研究紧密相关。在政治方面，他参加了阿帕里西奥·萨拉维亚领导的革命，起草了《劳动法案》（*Ley del Trabajo*），被认为是乌拉圭建设现代国家的基础之一。他的代表作品有《为了祖国》（*Por Patria*，1886）、《狂妄的火焰》（*Fuegos fatuos*，1887）、《抒情诗的美学研究》（*Estudios estéticos acerca de la poesía lírica*，1889）、《乌拉圭文学批评史》（*Historia crítica de la literatura uruguaya*）等。

在诗歌方面，胡安·索里拉·德圣马丁（Juan Zorrilla de San Martín）被认为是乌拉圭浪漫主义诗歌最具代表性的人物。他从1874年开始在智利的一家杂志上发表诗歌和故事。1888年，他的长篇诗歌《塔瓦雷》（*Tabaré*）出版，这首诗被认为是乌拉圭的民族史诗。诗歌的主人公是查鲁亚人和西班牙被俘妇女的儿子，孤独、感伤、苦难和高尚丰富了这首史诗的浪漫主义英雄色彩，诗中还描写了美丽的自然风光和印第安人与西班牙人之间的斗争，这些都赋予了这首诗歌极高的民族主义价值。后来，这首史诗被改编为歌剧，有很多的版本。1910年，在政府的要求下，他创作了以乌拉圭独立英雄何塞·赫瓦西奥·阿蒂加斯为主题的《阿蒂加斯史诗》（*La Epopeya de Artigas*），描写了恢弘的独立战争，塑造了阿蒂加斯伟大的独立领袖形象。此外，他创作的诗歌还有《祖国的传说》(La leyenda patria, 1879)。除了诗歌以外，索里拉还出版了散文《道路的回想》(Resonancia del camino, 1896)、《关闭的果园》(Huerto cerrado, 1900)、《会议与演说》(Conferencias y discursos, 1905)、《拉普拉塔地区历史详情》(Detalles de la Historia Rioplatense, 1917)、《和平的训诫》(El sermón de la paz, 1924)、《鲁特之书》(El libro de Ruth, 1928) 等。

（二）戏剧和音乐

欧罗斯曼·莫拉托里奥 (Orosman Moratorio) 是当时著名的剧作家，笔名胡利安·佩鲁活 (Julian Perujo)。他的作品以高乔人作为主人公，讲述他们的生活。代表作有《军人胡安》(Juan Soldao, 1894)、《断开的铁链》(Cadenas rotas, 1895) 等。艾里亚斯·雷古莱斯 (Elia Regules) 也发表过一些戏剧作品，其中包括根据高乔人诗歌改变的《马丁·费埃罗》(Martín Fierro, 1890)、《继子》等。萨姆埃尔·布里克森 (Samuel Blixen) 是著名剧作家，作品有《春天》(Primavera, 1896)、《乐园》(Jauja, 1895) 等。托马斯·希利瓦尔蒂 (Tomas Giribaldi) 是歌剧作家，曾经赴欧洲留学，还担任过蒙得维的亚市政乐队的技术指导。他的作品《巴黎妇女》(Parisina, 1878) 被认为是乌拉圭的第一部歌剧。

钢琴家、作曲家莱昂·里维罗 (León Ribeiro) 是乌拉圭第一位交响乐和四重奏作曲家，曾经担任音乐学院的院长。他的作品有

《唐拉米罗》(*Don Ramiro*)、《哥伦布》(*Colón*)等。路易斯·桑伍切蒂（Luis Sabucetti）也是一位著名的音乐家、作曲家，曾经在巴黎接受过音乐教育，担任过音乐会的总导演，创办了蒙得维的亚音乐杂志。他的半身像被放置在蒙得维的亚的一条街道上，以表示对他的纪念。

（三） 绘画和雕塑

在绘画方面，乌拉圭第一位为世界所熟知的画家名为胡安·马努埃尔·布拉奈斯（Juan Manuel Blanes），他于1830年出生在蒙得维的亚。11岁时，不得不辍学在一家店里当雇工挣钱，同时也帮着家里工作。1844年，他完成了自己第一幅小有名气的作品，画作的内容是一艘英国三桅帆船。1860年，布拉奈斯请求国家赞助他前往欧洲学习绘画，同时承诺将自己的作品寄回乌拉圭，并且在回国后建立一所绘画学校。学成回国以后，他还将多名具有艺术天赋的乌拉圭人送往欧洲进行深造，他们当中的许多人都成了当时有名的代表画家，此外，他还曾经多次担任国家总统的官方画师。布拉奈斯的绘画主题广泛，包括历史题材、人物生活、人物肖像等。其中著名的代表作有《东岸33个爱国者宣誓》（*El Juramento de los Treinta y Tres*，1877）。为了完成这幅作品，这位画家特意在同一天到爱国者登陆的地点观察光影变化的特点。其人物画像中的代表作是《卡洛塔·费雷拉女士画像》（*Retrato de Doña Carlota Ferreira*，1883），在该幅画作中，画家在作品的底部以华丽的图案突出了女性的形象特点，作品的光线颇有现代主义的特点。布拉奈斯与墨西哥的贝拉斯科和阿根廷的普埃伦东被誉为 19 世纪伊比利亚美洲绘画艺术成就最高的三位画家。

奥拉西奥·埃斯朋达布鲁（Horacio Espondaburu）是布拉奈斯的弟子，同样也在欧洲接受了 5 年的艺术熏陶。他的作品以高乔人生活为主题，表达高乔人生活中的不同面貌。其代表作有水彩画《住宿雇主》（*Capataz de estancia*），油画《穿过小溪的牛群》（*Tropa de ganado atravesando un arroyo*）等。另一位比较出名的画家名为狄奥赫内斯·埃克特（Diogenes Hequet），其作品大多以军事题材为主。而画家曼努埃尔·拉腊维德（Manuel Larravide）则从小表现出对海洋的兴趣，作品的主题也多以海洋为主。

卡洛斯·费德里科·萨埃斯（Carlos Federico Sáez）是乌拉圭的第一位现代主义画家。他的作品大多是个人画像，笔触柔和而精确。他在职业生涯中一共绘制了 70 多幅油画和其他 100 多幅画作，代表作有《西奥西阿洛的头像》等。

胡安·曼努埃尔·费拉里（Juan Manuel Ferrari）是乌拉圭的雕刻艺术家，曾经获得国家奖学金前往欧洲进行学习，他的代表作品是安东尼奥·拉瓦列哈纪念碑（Monumento a Juan Antonio Lavalleja, 1902），位于米纳斯城内。

（四）电影、建筑和体育

乌拉圭的第一部电影《干河自行车赛场的自行车赛》（*Carrera*

de bicicletas en el velódromo de Arroyo Seco）诞生于1898年，由西班牙商人、艺术家菲力克斯·奥利维尔拍摄，内容是一场自行车比赛的纪录片。

19世纪末，和欧洲许多国家一样，乌拉圭的建筑开始表现出折衷主义，即建筑师按照比例和形式的优美模仿或自由组合历史上的各种建筑风格。代表的建筑有乌拉圭中央火车站、翁贝托医院等。

在体育方面，乌拉圭的足球水平一直闻名于世界。最著名的是佩纳罗尔足球俱乐部（Club Atlético Peñarol），其前身是中央乌拉圭铁路板球俱乐部（Central Uruguay Railway Cricket Club），于1891年组建，最初的118名成员由72个英国人、45个乌拉圭人和1个德国人组成。1892年，俱乐部内开始流行足球运动。1913年，俱乐部正式改名为佩纳罗尔足球俱乐部，成为专业的足球俱乐部。1900年，佩纳罗尔足球俱乐部和其他3个俱乐部一起，成立了乌拉圭足球联盟，并且多次在联盟的官方比赛中获得冠军。这支球队曾经多次获得国家级和世界级联赛的冠军，包括5次解放者杯冠军和3次丰田杯冠军。

另一个著名球队乌拉圭民族足球俱乐部（Club Nacional de Football）的前身是乌拉圭竞技足球俱乐部（Uruguay Athletic Club）和蒙得维的亚足球俱乐部（Montevideo Football Club），于1899年成立，成立的原因是学生希望乌拉圭能够拥有完全由自己国家主导的足球机构。这两个俱乐部不仅仅是乌拉圭最早的本土俱乐部，同时也是美洲最先出现的本土俱乐部。1901年，民族足球俱乐部第一次在冠军赛上亮相，获得了亚军。第二年，这个俱乐部战胜了中央乌拉圭铁路板球俱乐部，夺得了自己的第一个冠军。民族足球俱乐部一共获得了3次解放者杯冠军和3次丰田杯冠军，同时也是世上赢得最多国际锦标赛的足球俱乐部。

第六章 现代民族国家的建立与发展

何塞·巴特列·奥多涅斯执政时期的乌拉圭

（一） 巴特列的早期生活和 1904 年革命

20 世纪初，担任乌拉圭总统的是何塞·巴特列·奥多涅斯 (José Batlle y Ordóñez)，何塞·巴特列·奥多涅斯曾两次担任乌拉圭的总统，分别是 1903 年和 1911 年。巴特列曾经就读于蒙得维的亚大学，1879 年开始在报纸《新精神》（*El espíritu nuevo*）工作，并且在这份报纸上强烈抨击了洛伦索·拉托雷的独裁政治统治。1880 年，巴特列到欧洲留学，分别前往西班牙和法国进行学习和生活，这段经历给他提供了接触当代政治思想的机会，对其后期的总统生涯产生了深远的影响。1881 年，巴特列开始担任《理性报》的编辑，继续在报纸上表达自己对拉托雷政府的不满。1886 年 1 月，他创办了《日报》（*El Día*），并在自己的报纸上公开表达自己对马克西莫·桑托斯将军独裁统治的不满。此后，他还参加了反对桑托斯将军的革命。这些反对桑托斯将军的言论和行为导致了巴特列的多次入狱。此后不久，他便加入了乌拉圭红党，并从 1890 年开始试图将红党变成一个全国性的民主政治组织。1893

年，他被选为乌拉圭的众议员，1896年被选为参议员。不久后，他便成为参议院院长。

1902年，巴特列参加了新一届总统选举，在选举中得到了以乌拉圭诗人、白党成员阿塞维多·迪亚斯为代表的一些白党成员的大力支持，这使得他以55票通过、33票反对的优势赢得了竞选。然而，迪亚斯的这一行为也使他在白党中遭到了排挤，最终被白党所驱逐。另一方面，巴特列重用迪亚斯，将1897年签订的《克鲁斯条约》中本应交给白党管理的6个省中的2个交由迪亚斯管理，这一行为引起了白党的极大不满。1903年3月，白党人领袖萨拉维亚开始聚集武装人员，准备发动革命。与此同时，巴特列也在为这场随时有可能到来的革命而做准备。1903年11月，发生在里维拉省的一件案子使巴特列派出2个团驻扎该省以维持秩序。在1897年签订的条约当中，里维拉被划分给白党统治，因此白党认为巴特列此举是侵犯了自己统治的权力，要求巴特列在案件结局以后撤回这两个团。然而，巴特列拒绝这样做，因为宪法规定了国家总统有权利在国内的任何一个地方驻扎军队。红、白两党之间的矛盾再一次激化，阿帕里西奥·萨拉维亚表示，如果1904年1月巴特列的军队仍然没有撤出里维拉省，那么他就会发动革命。1904年1月8日，革命终于爆发。政府派出了3万人的军队，配备先进的武器，而萨拉维亚的队伍只有1.5万人。这一场革命运动持续了9个月，造成了800多人死亡和2 200多人受伤。最终，1904年9月，萨拉维亚的负伤身亡，为这场革命画上了终结的句号。红、白两党双方签订了《阿塞瓜条约》，起义者获得了大赦和关于选举改革的承诺。通过这次革命，巴特列正式在政治上统一了红、白两党，而白党也充分表达了关于选举和透明管理的诉求。

（二）巴特列改革

巴特列第一次担任总统期间，在经济、教育、社会、政治等方面采取了一系列的措施，来推动乌拉圭的现代化。

1905年，国家出资300万比索，用于重建被圈地行为所破坏的国家公路，建设桥梁，改进河道，开拓公路。此外，政府开始鼓励农民种植甜菜，生产白糖。政府给这些农户提供种子，此外还有补贴和免税政策。这样做是为了减少对国外白糖进口的依赖。同时，政府还免除了进口纺织机的税钱，同样意在发展本国制造业和工业。

在教育方面，1903年政府开办了商学院，1907年开办了兽医和农学院。此外，政府还开设了10所公立高中，目的是丰富就业目标，改变大多数人都想成为律师和医生的现状。政府还在教育设施上进行了投资，比如修建新的教学楼以满足教育的需求。

20世纪初，随着乌拉圭工业的不断发展，一些工会开始逐渐形成。工人们开始提出诉求，要求增加工资，减少工时。虽然在1904年，政府通过了关于退休金的提案，但是仍然没有改变工人工作量大但却收入微薄的现状。1905年，国内发生了多起罢工抗议事件。1906年，巴特列总统向国会提交了一份改革申请：工人的工作时间不得超过 8 小时，16—18 岁工人的工作时间不得超过 6 小时，14—16 岁工人的工作时间不超过 4 小时，13 岁以下禁止在工厂工作。每周必须有一天完整的休息日，女性在产后可以有一个月的假期。

在宗教方面，巴特列一直是一个无神论者，反对所有的启示宗教，尤其是在整个乌拉圭占主导地位的天主教。1905 年，有众议员提出了离婚法案，这一提案遭到了当时天主教会的强烈反对，他们认为离婚是对国家的一种破坏。第二年，政府撤掉了公立医院的宗教画像。1906 年，巴特列提出废除死刑的法案。这两条提案于次年都获得了通过，乌拉圭成了拉美第一个拥有《离婚法》的国家。

1907 年，巴特列在第一次任期结束以后，携家人前往欧洲。他在瑞士居住了 4 年，为以后回到乌拉圭所进行的改革做准备。接替他成为国家总统的是克劳迪奥·威廉 (Claudio Williman)。

克劳迪奥·威廉继承了巴特列的改革精神。1907 年，政府实施了选举法，并于 1910 年对选举法进行改革。这项法律使得反对党能够有更多机会参与到选举和投票当中，甚至包括除了红、白两党以外的一些其他非传统政党。威廉重新设置了政府的结构，把政府分为内政部、公共教育部、工业部、劳动部和工程部，此外还设置了最高法院 (Alta Corte de Justicia)。

在经济方面，威廉仔细管理公共财产，使国家预算有了盈余，并取得了一笔价值 600 万比索的国外贷款，投入国家现有的工程。

1908年，威廉政府进行了一次普查，重新统计了国家的人口以及现有资源，以便对其进行更好的管理和分配，同时为未来作出合理的规划。1909年8月25日，蒙得维的亚港的2个港口开始正式向公众开放，同时政府继续出资建设其余的港口。1907年，国家从巴西白金公司购买了687千米的电报电线，同时开始对无线电报进行研究。1909年，政府提出建立国家电报网，以保证国家的利益和信息安全。

在对外关系方面，1909年，乌拉圭同巴西签订了《河流边界更改条约》(*Tratado de Rectificación de Límites*)，确定两国可共用密林湖和亚瓜隆河。1910年，乌拉圭同阿根廷签订了协议书，确定两个国家都享有拉普拉塔河的使用权。

1911年，巴特列第二次当选乌拉圭总统。在第二次任期内，巴特列正式开始实施自己的改革计划。他的改革得到了后期多位总统的肯定，从而得到了延续。

巴特列认为，政府有责任保护社会上的弱势群体，于是将自己曾经提出过的一系列提案都付诸实施，同时还增加了一些新的内容。1911年，巴特列再次提出有关改善工人工作待遇的提案。提案中规定了8小时的工作制，禁止13岁以下儿童参加工作，女性怀孕期间可以有40天的假期，每6天休息1天。允许加班和长时工作，但是每5天不得超过40小时。这一提案在1915年通过。此外，1914年巴特列政府还提出员工因公受伤的赔偿问题、养老金问题，分别在1920年、1919年得到解决。同一年，由于第一次世界大战爆发而造成的经济危机，许多企业开除了很多有多年工作经验的员工以缩减开支。为了缓和这一情况，巴特列政府提出设置解雇赔偿金，于当年通过。

受 19 世纪末期英国人在乌拉圭大量投资的影响，许多的乌拉圭企业都被英国资本所控制，其中包括铁路、天然气、自来水等与人民生活息息相关的企业。为了让自己的国家在经济上独立，不再依靠外资，巴特列政府决定实施一系列的企业国有化措施。在这样的理念下，1913 年和 1912 年，巴特列政府成功地分别将共和国银行（Banco de la República）和抵押银行（Banco Hipotecario）国有化，并在 1911 年建立了国家保险银行（Banco de Seguros del Estado），以垄断国家的保险行业。1912 年，巴特列政府把蒙得维的亚发电厂改名为乌拉圭国家发电厂，成功实现了电力公司的国有化。1915 年，巴特列政府成立了国家铁路管理局，减少了国家用于铁路的开支，提高了铁路服务质量，还为国民提供了许多工作机会。

在农村土地分配方面，20 世纪初，绝大多数的土地资源还掌握在庄园主手中。巴特列政府为了使国家的土地资源可以得到更好的分配，从银行抵押出 50 万美元用于收购农村土地，再把收购的土地分割为小型庄园出售，来分散土地所有权。为了提高农村的生产技术，1911 年，巴特列政府建立了 3 个农产品中心，分别用于专业加工蔬果、牛奶等食品及羊毛、皮革等畜牧产品。

在工业方面，1912 年乌拉圭成立了地质和钻井研究中心（El

Instituto de Geología y Perforaciones)，试图在国内发现可以利用的能源，来缓解能源的进口；成立了工业化学研究中心（El Instituto de Química Industrial），意在使发现的能源工业化，优化现有工业技术，完善工业集团组织，研制化肥，为皮革产业提供技术支持；成立了渔业研究中心（El Instituto de Pesca），降低鱼类的价格，实施渔业产业化，满足国内消费和出口的要求。然而，受 1913 年金融危机的影响，只有工业化学研究中心坚持了下来。

在教育方面，乌拉圭坚持提供免费教育，并且扩大受教育范围。为了增加女性的受教育比例，1912 年，政府在中学里创办了女子部。1912 年，巴特列政府继续开设公立高中，为国民提供更多受教育的机会。同时，巴特列政府还在大学鼓励学生学习一些在当时属于非主流的专业，比如工业、物理、艺术和音乐。

在社会生活方面，1912 年，巴特列政府对《离婚法》进行了补充，指出夫妻双方中任何一方都可以凭自己的意愿提出离婚。此外，巴特列政府还成功地将天主教会与国家权力分开，确定了宪法的最高地位，取消了军队里牧师的职务。

巴特列的改革受到了红党内大多数人的支持，因此他之后的几任总统也都继续贯彻着他的改革精神。1915 年，菲利西亚诺·维埃拉（Feliciano Viera）当选为乌拉圭总统。1916 年，乌拉圭成立了全国执政委员会（Consejo Nacional de Administración），用来行使国家的行政权力。委员会由 9 名成员组成，分别来自红、白两党，负责处理国家的内政、外交、国防、经济、教育、社会等方面的事物。此外，维埃拉政府领导制宪大会制定了1918年《宪法》，这是乌拉圭历史上的第二部《宪法》。这一部宪法中，乌拉圭正式更名为乌拉圭东岸共和国，国家政体由总统制变更为集体行政制。埃维拉在担任总统的后期，与巴特列的思想产生了分歧，并停止了巴特列的一系列改革。

巴尔塔萨·布鲁姆（Baltasar Brum）是维埃拉总统时期的内政部长。1916年曾被任命为共和国的外交部长。布鲁姆担任外交部长期间正逢第一次世界大战伊始，虽然乌拉圭政府采取中立态度，国内许多报社却支持同盟国，要求政府与德国和奥匈帝国断绝外交关系。1917年，美国加入同盟国后，乌拉圭断绝了与德国的外交关系。不久之后，布鲁姆作为外交部长出访美国。布鲁姆还参与了1918年宪法的制定。1919年3月，布鲁姆当选为乌拉圭总统。布鲁姆担任总统期间，继续推行巴特列的社会立法改革，建立社会保障制度。然而，以路易斯·阿尔贝托·德埃雷拉（Luis Alberto de Herrera）为领导的白党实力越来越强，在选举中红党几乎已经不占优势。与此同时，红党内部也出现了一些矛盾，反对派开始逐渐出现。他们以里维拉将军的名字命名，反对巴特列实施的一系列改革措施。

1923年布鲁姆卸任，何塞·萨拉托（José Serrato）当选为总统。萨拉托属于红党中间派，是1918年宪法颁布后第一个由普遍选举选出的总统。其担任总统期间与阿根廷签订了关于边境的条约，设置了退休金和养老金，成立了选举法院和立法大会（Palacio

Legislativo)。1925年，白党领导者路易斯·阿尔贝托·德埃雷拉当选全国执政委员会会长，这是白党在全国选举当中的第一次胜利。

萨洛塔卸任后，1927年胡安·坎皮斯特吉（Juan Campisteguy）担任共和国总统。坎皮斯特吉是红党反对派的成员，他们不赞成巴特列的一系列改革措施。然而，坎皮斯特吉仍然遵循了巴特列的一些改革思想。1928年，乌拉圭开办了属于政府的国家冷冻厂，这使得国家可以直接控制牛羊肉制品。1929年，巴特列逝世。他领导的改革举措推动乌拉圭走上了现代化的道路，他宣扬的改革思想也对乌拉圭人民产生了深远的影响。

加夫列尔·特拉独裁统治时期

第一次世界大战过后，欧洲的工业发展停滞，经济和社会都经历了衰退。这场衰退直接影响了英国资本在乌拉圭的投资。虽然美国也对乌拉圭进行了一定的投资，但是1929年纽约经济危机使得美国对乌拉圭的投资也大幅下降。20世纪20年代，欧洲由于政治不稳定而产生的一系列民族运动和法西斯运动的思想传播到乌拉圭，一些商业工会开始质疑巴特列改革的社会意义。

1931年，红党成员加夫列尔·特拉（Gabriel Terra）当选为乌拉圭总统。特拉一直对1817年宪法持反对态度，和红党反对派以及白党持有同样的观点。同年，红、白两党签订了《钦丘林协定》

(*Pacto del Chinchulin*)，建立了全国燃料、酒精和水泥管理局，垄断了国内的多家工业公司。1933年，特拉发动了政变，解散了国会和全国执政委员会。同年3月，特拉开始实施新闻审查制度，对反对派进行镇压和政治迫害，迫使反对派人士流亡海外。前总统巴尔塔萨·布鲁姆以自杀的方式来对这种统治表示抗议。同年，特拉政府制定了新的宪法，规定国家政体为总统制，明确只有特拉派和埃雷拉派可以参与总统选举，并于第二年生效。1934年，特拉再次当选为总统，国家权力又一次掌握在他一个人的手中。

虽然特拉实行独裁统治，但是他在位期间乌拉圭的社会、经济都经历了稳定的发展。在经济方面，为了缓解乌拉圭比索通货紧缩的问题，政府在不使比索贬值的情况下发行纸币，用于资助畜牧业。1934年，政府建立了进口和兑换信用委员会，用于控制外汇的买卖和分配。政府还大力发展水力发电，减少煤炭、石油发电，从而减少对煤炭和石油的进口。1937年，政府开始建设伯内特河大坝（Rincón del Bonete），该大坝直至今日仍然在使用中。与巴特列时期的工业自由发展不同，特拉政府采取进口代替公有化的战略，减缓了国内工业化发展的速度。1935年，政府成立了国家奶制品合作社（la Cooperativa Nacional de Productores de Leche），垄断了蒙得维的亚的奶制品售卖。

1929年的经济危机导致了乌拉圭失业率的上升和工资的下降。为了安抚群众的不满情绪，特拉政府采取了一系列措施以缓解这种情况：建设公共项目，例如伯内特河大坝，同时限制移民数量,为本国国民提供工作岗位。1934年《宪法》中规定,国有企业的建立需要得到议会的多数通过,从而限制了国有企业的发展,《宪法》还通过了女性和外国人的投票权利,同时扩大了国民在教育、工作、社会保障、住房和罢工等多方面的权利。

在外交方面,1935年,乌拉圭东岸共和国政府与苏联断交,1936年,乌拉圭承认西班牙弗朗哥政府。同时,特拉政府还和实行独裁统治的意大利与德国建立了外交关系,以从这两个国家获取大量的资金。

1938年,特拉的姻兄阿尔弗雷多·巴尔多米尔(Alfredo Baldomir)当选为总统。巴尔多米尔的统治象征着特拉独裁阶段的结束和民主恢复阶段的开始。为了改变特拉派在立法机构中占多数的情况,1942年,巴尔多米尔发动了政变。由于在这场政变中没有发生暴力行为,也没有一个党派的成员遭到迫害,因此该政变被称为"好政变"(Gople bueno)。通过这次"好政变",巴尔多米尔解散了议会,建立了国务委员会(Consejo de Estado),重新修订了《宪法》,采用比例代表制使得各个政党都可以参与到国家的政治决策当中,同时还限制了总统的权力。尽管埃雷拉派的政党对此感到不满,但是为了能够参与到国家权力的行使当中,只好妥协,并与巴尔多米尔共同商议比例代表制的实施。由此,社会逐渐安定下来。

现代民族国家时期的艺术发展

(一)"900一代"

19世纪末至20世纪初,乌拉圭东岸共和国经历了许多变化:从考迪罗的没落到军国主义的兴起,再到现代化国家的建设,经济发展持续稳定,中产阶级增多,福利待遇水平极高,甚至超过了一些欧洲国家。1904年巴特列当选为总统以后,更是实施了自由而开放的政策。在这样的社会大背景下,一批作家和知识分子开始活跃于首都蒙得维的亚,受国家现代化和自由政治的影响,他们开始探讨乌拉圭社会的民族认同感。因为这些作家大多出生于1868—1886年,并且于1895—1925年发表作品,他们被称为"900一代"。他们中的大多数人自学成才,只有一人接受过大学教育。他们经常聚集在某一人的家中商讨时事,或是在某一家报纸杂志上发表自己的观点。这些作家涉及了诗歌、小说、散文、戏剧等多个领域。

1. 诗歌

在诗歌方面比较有名的作家是胡里奥·埃雷拉·莱西格(Julio Herrera y Reissig)。他是1890年乌拉圭总统胡里奥·埃雷拉·奥维斯的侄子,5岁时被诊断出心律失常,17岁时因病辍学。1898年他发表了自己的第一首诗《米拉赫》(*Miraje*),得到了大众的广泛接受。莱西格是乌拉圭先锋派诗歌的创始人,他去世时年仅35

岁。他的早期作品仅仅是普通的爱国主义诗歌，而后期的创作有着独特的个人特质：诗歌韵律与结构多样且优美，诗歌蕴含的情感又令人着迷。他的代表作有诗集《时间的复活》（*Las pascuas del tiempo*，1902）、《晚祷》（*Los maitines de la noche*，1902），十四行诗《山的狂喜》（*Los éxtasis de la montaña*，1904—1907）、《被遗弃的公园》（*Los parques abandonados*，1908）等。

德尔米拉·阿古斯蒂尼（Delmira Agustini）是与莱西格同一时代的著名女诗人。同样是现代主义诗歌的代表人物，她开20世纪南美洲女诗人之先河。阿古斯蒂尼10岁开始做诗，她还曾学习过法语、音乐和绘画。她的作品与拉普拉塔河现代主义紧密相连，表达了情色主义，而在当时这类诗歌大多是由男诗人书写的。27岁时，她惨遭前夫杀害。为了纪念这位女诗人和所有性暴力的受害者，人们在阿古斯蒂尼被杀害的街道上设立了一块纪念碑。她曾获得尼加拉瓜诗人鲁本·达里奥和西班牙诗人米格尔·德·乌纳穆诺德（Miguel de Unamuno）的赏识，其代表作有《空白书》（*El Libro Blanco*，1907）、《清晨的歌声》（*Cantos de la mañana*，1910）、《空空的高脚杯》（*Los cálices vacíos*，1913）等。

同时期的另一位著名女诗人名为玛丽亚·欧亨尼亚·帕斯·费雷拉（María Eugenia Vaz Ferreira），她是拉丁美洲重要的抒情女诗人之一。除了写诗以外，她还学习音乐，是一位颇有名气的钢琴家。智利女诗人加夫列拉·米斯特拉尔称她为"拉丁美洲女诗人的老师"。她的代表作有诗集《颂歌岛》（*La isla de los cánticos*，

1924)、《颂歌岛续集》(*La otra isla de los cánticos*, 1959) 等, 在她去世后由他的哥哥整理出版。

此外, 胡安娜·德·伊瓦武鲁 (Juana de Ibarbourou) 也是一名十分重要的女诗人, 她被认为是 20 世纪最独特的拉丁美洲诗人之一。1918 年, 她的第一部诗集《钻石之舌》(*Las lenguas de Damante*) 出版, 充满了现代主义色彩、丰富的感官和色彩的画面、隐喻的《圣经》和神话故事。随后出版的《清新的瓦罐》(*Cántaro fresco*, 1920)、《野性的根》(*Raíz salvaje*, 1922) 也都具有这种特点。她的诗歌赞扬了母亲的奉献以及身体和自然的美丽。1929 年, 她被称为"美洲的胡安娜"。随后, 她的作品逐渐褪去了现代主义的色彩, 取而代之的是更多热情和真诚的倾注。1930 年,《风中的玫瑰》(*La Rosa de los Vientos*) 出版, 其中包含了先锋主义和超现实主义的内容。1934 年, 她又出版了几部作品, 内容开始变得神秘而深奥。1950 年, 胡安娜被任命为乌拉圭作家协会 (Sociedad Uruguaya de Escritores) 主席。5 年后, 她的作品在马德里西班牙文化研究所 (El Instituto de Cultura Hispánica de Madrid) 获奖。1959 年, 她被乌拉圭政府授予国家文学奖。她的其他诗集代表作有:《迷失的女人》(*Perdida*, 1950)、《苍鹰》(*Azor*, 1953)、《书记的信息》(*Mensaje del escriba*, 1953)、《命运的浪漫》(*Romances del Destino*, 1955)、《金子和风暴》(*Oro y Tormenta*, 1956) 等。她的散文作品主要是一些儿童读物, 代表作有《小卡洛斯》(*Chico Carlo*, 1944) 等。

2. 小说

在小说领域，奥拉西奥·基罗加（Horacio Quiroga）被认为是拉丁美洲最伟大的短篇小说家。他在阿根廷度过了生命中的大部分时光，许多作品也都是在阿根廷完成的。他的作品中有关于南美洲丛林的生动描写，同时也向读者展现了大自然背后的恐怖之处。他常常以拟人化的动物作为小说的主人公，黑暗、悲剧和受害者是他作品里常有的元素。同时，爱情也是经常出现在他作品当中的主题。他的作品介于现代主义和先锋主义之间，代表作品有长篇小说《浑浊的爱情史》（*Historia de un amor turbio*，1908），短篇小说集《别人的罪行》（*El crimen del otro*，1904）、《受迫害的人们》（*Los perseguidos*，1905）、《爱情、疯狂和死亡的故事》（*Cuentos de amor, de locura y de muerte*，1917）、《林莽故事》（*Cuentos de la selva*，1919）、《荒野》（*El salvaje*，1920）、《阿纳贡达》（*Anaconda*，1921）、《更远一些》（*Más allá*，1935）等。

同一时期另一位著名的小说作家是卡洛斯·雷伊莱斯（Carlos Reyles）。他的早期作品呈现出现实主义，后期作品开始往现代主义发展。他的作品反映了他的亲身经历，很多作品中的人物都是他自身的写照。他曾在欧洲居住多年，受到了欧洲一些文学流派的影响。1915年，他成立了乌拉圭农村联合会，对国家的经济、政治产生了很重要的影响。1894年他出版了小说《干杯》（*Beba*），以现实主义的风格描写了乌拉圭的生活，同时还提出了关于教育、女性和政治文化等与管理国家有关的问题。1922年，小说《塞维利亚的魅力》(*El embrujo de Sevilla*) 问世，这一本关于西班牙南部城市的小说成为他的经典之一。他的其他小说代表作还有《为了生活》(*Por la vida*，1888)、《该隐家族》(*La raza de Caín*，1900)、《故乡》(*El terruño*，1916)、《华丽的高乔人》(*El gaucho florido*，1932)。此外，他还著有散文集《天鹅之死》(*La muerte del cisne*，1910)、《高傲自大的对话》(*Diálogos olímpicos*，1918—1919) 等。

3. 散文

何塞·恩里克·罗多 (José Enrique Rodó)，出身于一个乌拉圭高级资产阶级家庭。得益于家庭环境的熏陶，从小罗多就开始广泛阅读。后来由于家庭经济情况下行，14 岁的他便开始工作。受现代主义文学运动影响，1895 年罗多与好友一起创办了《全国文学及社会科学杂志》(*Revista Nacional de Literatura y Ciencias Sociales*)。1898 年，罗多被聘请为蒙得维的亚大学的文学教授。罗多是红党巴特列派的一员，他肯定巴特列的现代化改革，曾长期担任蒙得维的亚的众议员。然而在巴特列改革后期，他与巴特列的想法产生了分歧。罗多的散文捍卫了拉丁美洲的民族主义，批评了美国文化，对拉美青年的思想产生了重要意义。他的代表作《爱丽尔》(*Ariel*) 出版于 1900 年，被誉为拉丁美洲文化和政治领域最具有影响力的作品之一。在作品中，罗多表达了自己对于 20 世纪乌拉圭青年，甚至是全拉丁美洲青年的希望：捍卫拉丁美洲文化，反对北美和欧洲的功利主义。这是拉丁美洲民族意识觉醒的一个重要标志。他的作品还有《未来者》(*El que vendrá*, 1897)、《鲁本·达里奥》(*Rubén Darío*, 1899)、《普罗特奥的宗旨》(*Motivos de Proteo*, 1909)、《繁荣的瞭望台》(*El mirador de Próspero*, 1913)、《普罗特奥的新宗旨》(*Nuevos motivos de Proteo*, 1927)、《普罗特奥最后的宗旨》(*Últimos motivos de Proteo*, 1932)等。

卡洛斯·帕斯·费雷拉(Carlos Vaz Ferreira)是诗人玛丽亚·欧亨尼亚·帕斯·费雷拉的哥哥,同时也是乌拉圭重要的哲学家。费雷拉曾两次担任共和国大学校长,并且在校内创办了人文科学学院,自己担任院长。他的哲学思想对乌拉圭的教学和文化产生了深刻的影响。费雷拉的代表作品有《知识分子的良知》(*Moral para Intelectuales*, 1908)、《知识与行动》(*Conocimiento y acción*, 1908)、《活生生的逻辑》(*Lógica viva*)等。

4. 戏剧

弗洛伦西奥·桑切斯(Florencio Sánchez)是乌拉圭著名剧作家。1897年革命的时候,桑切斯曾经是阿帕里西奥的支持者,但是后来他对于起义感到失望,变成了一个无政府主义者。在蒙得维的亚,他因为参加无政府主义集会而被迫前往阿根廷,并在那里创作出了多部戏剧作品。他的作品反映了南美洲拉普拉塔河流域国家的社会问题和民族问题,有的还突出了小人物在社会中为生存而作出的斗争。1905年4月,他的作品《每况愈下》(*Barranca abajo*)在布宜诺斯艾利斯阿波罗剧院首演,这被认为是他最好的作品。他的其他戏剧代表作还包括《我的博士儿子》(*M'hijo el doctor*, 1903)、《报童》(*Cédulas de San Juan*, 1903)、《圣胡安的便条》(*Cédulas de San Juan*, 1904)、《外国姑娘》(*La gringa*, 1904)、《家庭内部》(*En familia*, 1905)、《死者》(*Los muertos*, 1905)、《撵房客》(*El desalojo*, 1906)、《假币》(*Moneda falsa*, 1907)、《好生意》(*Un buen negocio*, 1908)等。

埃内斯托·埃雷拉(Ernesto Herrera)是与桑切斯同时代的剧作家。1911年的剧作《盲狮》(*León Ciego*)是他最出名的作品，此外还有《米西亚·帕卡德道德》(*La moral de Misia Paca*, 1911)、《我们的面包》(*El pan nuestro*, 1914)等；奥托·米格尔·乔内(Otto Miguel Cione)也是一位著名的喜剧作家，其作品有《骗局》(*Maula*, 1901)、《空气中的康乃馨》(*Clavel del aire*, 1913)、《永恒的狮身人面像》(*La eterna esfinge*, 1932)等。

(二) 绘画和雕塑

佩德罗·菲加里(Pedro Figari)是乌拉圭后印象派画家，也是拉丁美洲最杰出的画家之一。年轻时，菲加里是一名律师，但是艺术一直是他生活中不可或缺的一部分。1921年，他先后在布宜诺斯艾利斯和巴黎定居，全心全意投身于绘画创作之中。他的作品所蕴含的特点是色彩丰富，线条流畅。他的绘画常以黑人和高乔人为主题，描绘了蒙得维的亚的日常生活。代表作有油画《坎登贝》(*Candombe*)、《威尼斯》(*Venecia*)等。

华金·托雷斯·加西亚（Juaquín Torres García）是乌拉圭抽象派代表画家之一。他的父亲是加泰罗尼亚人，17岁时，他随父母回到巴塞罗那生活。1894年，他进入巴塞罗那美术学院学习，在那里他遇到了许多当代知名的艺术家，比如巴伯罗·毕加索。也正是在巴塞罗那，他结识了安东尼奥·高迪，并与他一同参与了巴塞罗那圣家堂的设计。1929年，他与朋友在巴黎创办了杂志《方圆》（Cercle et Carre），同年，他还在巴塞罗那举办了一场国内外现代作品展。1934年，加西亚回到蒙得维的亚，成立了"建筑艺术协会"，并在蒙得维的亚举办了一场个人作品展。此外，他还在乌拉圭出版了西班牙语版本的《方圆》，并且出版了多部与抽象艺术相关的书籍。加西亚作品的特点是善用几何图形，结构复杂但又不杂乱无章。其代表作有《结构主义》《几何构造》《红胸男人》等。

何塞·贝略尼（José Belloni）是乌拉圭最有名气的雕塑家。他年轻时曾在欧洲多地学习艺术，回到蒙得维的亚后被邀请到艺术发展委员会授课。他为蒙得维的亚创作了大量的雕塑作品，分别放置于这座城市不同的公共场所。其代表作有雕塑《牛车》（La Carreta, 1929）、《大马车》（La Diligencia, 1952）、《混战》（El Entrevero, 1967）等。

何塞·路易斯·索里拉·德圣马丁（José Luis Zorrilla de San Martín）是乌拉圭著名诗人胡安·索里拉·德圣马丁的儿子，他是乌拉圭著名的雕塑家。曾经在欧洲学习，后来回到乌拉圭。他所设计修建的"高乔人纪念碑"（Monumento al Gaucho，1930）被认为是他最著名的作品。1940年，他担任蒙得维的亚视觉博物馆馆长。1947年，他为乌拉圭共和国银行设计修建了"阿蒂加斯纪念碑"。

（三） 音乐和电影

在音乐方面，乌拉圭比较著名的音乐家是阿方索·布罗夸（Alfonso Brocqua），他曾经在欧洲的比利时及法国学习音乐，这对他后期的创作产生了一定的影响。他的第一部作品是《塔瓦雷》（Tabaré），灵感来源于胡安·索里亚·德圣马丁的同名抒情诗。此外他还编写了许多钢琴曲和交响乐曲。

爱德华多·法维尼（Eduardo Fabini）是另一位比较著名的民族乐派代表人物。他很小就开始接触音乐，曾在布鲁塞尔及西班牙学习，并与其他音乐家一起于1907年建立了乌拉圭音乐学院（Conservatorio Musical del Uruguay）。爱德华多·法维尼退休以后，一直在乡村生活。其代表作品有《田园》（Campo，1922）、《木棉树之岛》（La isla de los ceibos）等。

19世纪90年代，乌拉圭的电影事业取得了一定的发展，1919—1929年乌拉圭以2年1部的速度一共拍摄了5部电影，分别是《佩尔班切》（Pervanche）、《岸边的幽灵》（Almas de la Costa）、《一个巴黎小姑娘在蒙得维的亚的奇遇》（Aventuras de una niña Parisien en Montevideo）、《从破衣烂衫到燕尾服》（Del

Pingo al volante)和《金河小英雄》(Pequeño Héroe del Arroyo del Oro)。1936 年，乌拉圭第一部有声电影上映，名为《两种命运》(Dos destinos)。

(四) 体育

1924 年的巴黎奥运会上，乌拉圭足球队战胜阿根廷队，赢得了奥运会冠军。1925 年，乌拉圭足球队积极响应国际足联想要举办世界级别足球比赛的想法。1928 年，乌拉圭足球队再一次赢得阿姆斯特丹奥运会的冠军。1930 年，第一届足球世界杯在乌拉圭举行，作为主办方，乌拉圭足球队在自己家乡赢得了第一届世界杯的冠军。1950 年的巴西世界杯，乌拉圭队战胜主场巴西队，第二次赢得足球世界杯的冠军。

第七章 第二次世界大战后至1973年的乌拉圭

新巴特列派

1942年，巴尔多米尔发动"好政变"以后，国务委员会要求巴尔多米尔在接下来的一年里继续担任乌拉圭总统，以完成《宪法》的修订。在征得各党派人士的同意以后，巴尔多米尔的总统任期延长了1年，《宪法》修订案也在全民公决中获得了通过。1943年，红党成员胡安·何塞·阿梅萨加（Juan José de Amézaga）赢得了选举，成为乌拉圭共和国的新总统。阿梅萨加肩负起了在政变以后恢复国家秩序的任务，同时，他还推动了国家的公共工程建设，大幅降低了国家的失业率，成立了工资委员会，设置了工人的年假、解雇补偿，规定了妇女享有同等权利。

1946年，71岁的托马斯·贝雷塔（Tomás Berreta）在总统竞选中获得胜利，任期为1947—1951年。1947年2月，托马斯·贝雷塔访问了美国，与美国相关企业协商了关于农工业机器购买的问题。后来由于身体原因，贝雷塔因病逝世，副总统路易斯·巴特列·贝雷斯（Luis Batlle Berres）接任了总统职务。这位新总统是乌拉圭前总统何塞·巴特列·奥多涅斯的侄子，他继承了前任总统的思想，在乌拉圭进行了一系列的改革，被称为新巴特列主义改革。

新巴特列主义的中心思想是在民主和自由的前提下实现经济发展和社会公平。为了完成这一目标，政府必须扩大和深入工业化进程，来推动经济发展，同时要重新分配收入，来实现社会公正并满足国内市场需求。同时，政府还反对阶级斗争，希望减小贫富差距，实现社会的平衡。为了达成这些目的，政府需要监管国家的收入和利益并对其进行分配。工业化是新巴特列主义的主要任务，第二次世界大战后，世界上的许多工业大国产量大幅减少，这些产品在国际市场上的竞争力逐渐下降，这就为乌拉圭发展本国工业提供了良好的环境。另一方面，第二次世界大战期间通过国际交易积累的资本、原材料、燃料等资源储备对工业的发展都起到了至关重要的作用。随着工业的发展，就业岗位也不断增加。此外，国家文化教育发展也卓有成效，文盲率大幅下降。这得益于乌拉圭国内民主化发展、中产阶级力量不断壮大和集体性政治的正确领导，此时的乌拉圭被称为"南美的瑞士"。

然而，工业的发展却没能带动经济的增长，其根本原因是作为国家出口支柱产业的畜牧业发展停滞。政府重视并积极干涉工业发展，将企业国有化，控制企业的对外贸易和货币兑换，对企业免收设备和原材料税费，限制国家进口产品数量，这些都保护了共和国工业的发展。此外，政府还建立了一系列的机构来实现国有化。1947 年，国家建立了市政交通管理局（Administración Municipal de

Transporte)，从而将国家的有轨电车建设国有化；1948年，国家垦殖管理局（Instituto Nacional de Colonización）成立，对庄园土地进行购买和再分配；1950年，建立了国家卫生管理局（Obras Sanitarias del Estado），管理国家的自来水工程；1952年，政府又建立了国家铁路管理局（Administración de ferrocarriles del Estado）来管理铁路工程。此外，政府还通过控制生活必需品的价格、成立工资委员会（Consejos de salaries）等方式实现财富的合理分配。1947年，国家成立了全国补给委员会，通过对生活必需品生产商发放补贴以控制商品价格。

在1950年的总统选举中，红党15派的安德雷斯·马丁内斯·特鲁埃瓦（Andrés Martínez Trueba）当选为共和国新一任总统。马丁内斯·特鲁埃瓦上任后，对现有《宪法》进行了修订，在红党多数派和白党埃雷拉派的支持下，共和国政府再次恢复了集体行政制。1952年，乌拉圭成立了全国政府委员会来行使国家的行政权。委员会由9名成员组成，6名来自选举中获得最多支持的政党，另外3名来自获得第二名的政党。新政府上台以后，面临的是朝鲜战争带来的经济和社会困难。乌拉圭出口商品价格降低，国民实际收入下降，导致一些工会开始组织罢工。政府委员会采取了《宪法》规定的用于制止暴乱的措施来镇压工会运动：宣布罢工非法，封闭工会场所，逮捕工人领导者。这样，工会运动的目的就不仅仅是对经济方面提出要求，同时也是对工会应有权利的要求。路易斯·巴特列在当地报纸上批判了政府的这种做法，这为他在下一次的选举中又赢得了更多的选票。在 1955 年的竞选中，红党中路易斯·巴特列所在的红党 15 派再次胜出。

路易斯·巴特列提出应该采取对话的方式来解决工会罢工的问题，同时坚持乌拉圭福利国家的建设。此外，国家继续支持工业发展，尤其是需要使用羊毛等国内原材料的工业，并且为这些工业开拓海外出口市场。为此，路易斯·巴特列亲自去美国，争取乌拉圭纺织品向美国的出口。

然而，此时乌拉圭国内情况与他第一次担任总统时大为不同。在政治方面，路易斯·巴特列所在的红党 15 派需要与红党 14 派协商合作，因此他并没有得到委员会的多数支持。在经济方面，乌拉圭失去了第二次世界大战和朝鲜战争为其带来的资金来源。国际形势也发生了变化，欧洲已经完成了战后重建并开始逐渐恢复生产，乌拉圭的国际市场不像以前那样开阔。农业部门发展迟缓，引起了庄园主的不满。1950 年，贝尼托·纳尔多内（Benito Nardone）成立了农村行动联盟（Liga Federal de Acción Rural），通过农村电台（Radio Rural）中一档名为《鞭打》（Chicotaza）的节目来表达对政府、福利国家、新巴特列主义以及国家现行政治制度的不满。另一方面，一些工业部门在发现收益减少以后，便不再坚定地支持路易斯·巴特列的改革和他颁布的有利于员工的法律。相反，他们组织了更多的工人运动和罢工。

到了 1958 年，国家的情况更加困难。前一年成立的欧洲共同市场以及美国取代英国在拉丁美洲的霸权地位等都极大地冲击了乌拉圭的商品出口。黄金储备大大减少，出口数量和价格都大幅度降低，贸易逆差数额巨大，通货膨胀开始无法控制。在批评声中，政府逐渐失去国民的信任。临近新一轮的选举时，政府为了获得民意，颁布了一些满足工会诉求的法律，包括失业家庭补贴、工人医疗保险等，还给予了大学自治的权力，来满足学生的要求，但是这些措施都没有起到很大的作用。11月，纳尔多内大力支持的白党获得了选举的胜利，同时也标志着新巴特列主义改革的结束。

社会发展停滞与危机

从瓦南西奥·弗洛雷斯总统开始，国家政权一直由红党所把控，1958年的选举是白党在这90多年以来的第一次胜利。白党的支持者一部分来自纳尔多内领导的农村组织；另一部分则来自白党民主联盟（Unión Blanca Democrática），以城市居民为代表。

白党执政的第一年，乌拉圭沿海和中部发生了严重的洪水。政府不得不采取紧急安全措施，分配能源和资源，启用贷款，调整工人工作时间。洪水带来的结果是灾难性的，除了经济损失以外，失业人数超过4万人。与此同时，在白党内部，埃雷拉派和农村主义派出现了分歧，各派别开始相互攻击。1959年4月，白党领袖路易斯·阿尔贝托·德·埃雷拉逝世。

白党执政以后，实行自由的经济制度。1959年12月，外汇改革制度通过，削弱了国家在控制汇率方面的作用，自此货币的价值将由市场供需所决定。关税制和补贴取代了原先的汇率制度，政府使乌拉圭比索贬值，导致国内通胀率高达49%。这一项改革引起了公众的不满，爆发了许多社会冲突。1960年，国家成立了投资和经济发展委员会（Comisión de Inversiones y Desarrollo Económico），用于制订国家的发展计划，寻求经济资助并对资金使用情况进行监督，同时，乌拉圭同国际货币基金组织签订了第一份意向书。

到1962年选举时，乌拉圭的政党组成情况与以前大不相同。社会党和白党分裂出的激进派组成了人民联盟（Unión Popular），共产主义党派则和离开传统党派的成员组成了左派自由阵线（Frente Izquierda de Liberdad），曾经的乌拉圭公民联盟（Unión Cívica del Uruguay）成为基督教民主党（Partido Demócrata Cristiano）。在白党内部，白党民主联盟与正统的埃雷拉派联合，以压制纳尔多内带领的农村行动联盟。红党内部也出现了分裂，红党14派和15派的一些反对成员组成了红党99派，他们提出了一个新的计划，被认为是巴特列主义的延续。另一方面，红党14派则称自己为红党和巴特列联盟。尽管最终得票数与从前相比有所下降，白党还是获得了新一轮选举的胜利。

此时，国际经济形势对乌拉圭十分不利。欧洲共同体开始为自己的产品进行补贴，同时还提高了关税。苏联启动了一项提高肉和牛奶产量的计划，澳大利亚和新西兰等国家也增加了这类产品的产量。商品的国际价格再次下调。1963年，共和国银行不得不再次将比索贬值，1美元可以兑换16.5比索。社会冲突也愈演愈烈，罢工、失业等问题开始变得很平常。1964年，国家成立了全国工人大会（Convención Nacional de Trabajadores），用来在工会和乌拉圭工人中心之间进行协调。

1965年，乌位圭经历了一场严重的旱灾。这场旱灾从夏天一直延续到秋天，在垦殖业和能源供给方面造成了严重的损失。同年，跨大西洋银行破产，对国内的其他银行造成了严重的负面影响，最后导致乌拉圭银行联盟的瘫痪。此时，政府仍然坚持自由的经济政策，但是国家的经济却宛如脱缰的野马。1966年，随着新一轮选举的到来，乌拉圭的外债数额和通货膨胀率都在不停增长。

另一方面，工人运动的爆发也不断迫使政府采取紧急安全措施。1965年，全国工人大会成立了人民代表大会（Congreso del Pueblo）。1966年，全国工人大会成了国家唯一的工人组织，大会还提出了摆脱危机的诉求。在白党第二次执政期间，全国解放运动-图帕马罗斯（Movimiento de Liberación Nacional-Tupamaros）培养的游击队开始行动。游击队在国内策划了一些抢劫事件，并且于巴西政变后在其大使馆投放炸弹，还向国家执政委员会成员的住所以及美国银行分行投放炸弹。

1966年的选举到来时，各党派的领导人都意识到，集体性政治只不过是大家坐在一起协商，而无法提出面对经济危机的必要办法。因此，在竞选的过程中各党派提出了4种对《宪法》的改革提议，其中都提到了政治体制的改变，即由集体制回归总统制。最后，红党在选举中获得胜利。红党领导者奥斯卡·赫斯蒂多

(Óscar Gestido）担任总统。根据红党提出的改革方案规定，执政委员会由总统取代，总统任期为 5 年，不得连续参选。总统有权力调控国家的经济和金融政策。

赫斯蒂多担任总统期间，乌拉圭的经济状况依然不见好转，比索继续贬值，政府出台了戒严令来控制国内的金融交易。然而，这一项戒严令却没能使国家的经济情况得到改善。1967 年，赫斯蒂多总统因心脏病而离世，副总统豪尔赫·巴切科·阿雷科（Jorge Pacheco Areco）接任了总统职位。帕切科加强了总统的权力，宣布政府内的 7 个左派部门违法，停止了 2 份鼓吹武装革命的出版物。在经济方面，帕切科继续了前总统赫斯蒂多的政策，深化货币控制政策。1968 年 5 月，帕切科任命在国家重要领域的商业代表为国家政府部门的部长，这造成了很多专业的政治家离开政府，反对政府的呼声越来越高。这些政治政策造成了更加激烈的经济政策变化。国家继续以紧急安全措施来对抗工会罢工，把一家罢工工会的成员安排到军队当中，这样军队里也有了反对政府的角色。同年 6 月，为了控制 183% 的通货膨胀率，政府下令冻结物价和工资，取消了 6 月的工资调整，这一策略再一次使工会成员失望。政府还成立了收入委员会（Comisión de Productividad, Precios y Salarios）来控制物价和收入，并无视工资委员会的呼声。这一切措施换来了乌拉圭暂时的社会稳定，政府选择以控制物价和工资的形式来控制通胀率，到 1968 年后半年，乌拉圭的通货膨胀率开始下降。

1971 年，乌拉圭左派人士成立广泛阵线联盟（Frente Amplio），并且参与了当年的总统选举。这场选举的投票参与度达到了88.6%，票数最多的是白党的威尔逊·费雷拉·阿尔杜纳特。然而，由于其所在的政党没有获得最多的选票，红党则再一次获得了选举的胜利。广泛阵线在这一次的选举中获得了蒙得维的亚30%的选票和全国18.3%的选票，对长期以来执政的红、白两党形成了极大的挑战。

1972年，红党的胡安·玛丽亚·博达贝里（Juan María Bordaberry）成为新的总统。然而，因为选举而暂停的武装斗争再一次出现。由于选举，工人工资被提高，国家的支出进一步增加，同时国家的出口额也开始下降。投机、资本外逃和债务增加等问题又卷土重来。图帕马罗斯游击队又纷纷开始用行动表达自己对政府的不满，而国家则开始动用武装部队镇压他们的活动。同年4月，国会投票同意暂停一切个人权力保障，中止《宪法》的实施，宣布国家进入内战状态，赋予武装部队随意处置逮捕人员的权力。在国家军事力量的压迫下，武装部队逐渐溃败，大部分成员被逮捕、流放甚至被杀。

在这一时期，乌拉圭的社会也发生了很大的变化，这些变化逐渐抹去了它"模范国家"的称号。1963年和1975年两次普查结果显示，乌拉圭人口增长十分缓慢。社会的老龄化十分严重，60岁以上老人的数量在增加，而年轻人的数量却没有太大的变化。由于实行土地集中制，农村的居民大量流失。根据1975年的人口普查结果显示，83%的人口因为不同的原因选择居住在城市地区，而城市居民的增加则导致了住房的短缺。1968年，政府实施了国民住房计划（Plan Nacional de Vivienda）来解决这个问题，但是效果并不理想。受经济危机的影响，中产阶级生活水平下降。两次人口普查结果显示，大约有22万人离开了乌拉圭，占总人口的8%。失业和就业难度大是人口迁出的主要原因，人们迁出的目的地主要是阿根廷、美国、澳大利亚和巴西。由于失业率上涨，很多人开始出售违禁商品，导致许多"非正规部门"逐渐出现。

第二次世界大战后乌拉圭的艺术

（一）"45一代"

1939年，乌拉圭政治家、散文家卡洛斯·基哈诺（Carlos Quijano）创办了周报《前进》（Marcha），并在上面发表一些充满批判性和独立思想的文章，来反对法西斯主义，维护本国文化、民主和思想自由，以唤醒乌拉圭读者的民族意识。通过这一周报，一群有想法、有文采的作家聚集在一起。他们中的大多数都是短篇小说家，受当时政策的影响而无法出版自己的作品，只能通过报刊来表达自己的想法。20世纪40年代，乌拉圭虽然被称为"南美的瑞士"，然而这一批作家看到的不仅仅是国家的繁荣景象，同时还有时代的苦难和不幸。他们的作品主题通常包含对城市生活的反思，人们日常活动的分析和对现实的不满以及批判。这一代人为乌拉圭的文化发展做出了卓越的贡献，他们提高了知识需求的水平，抨击了人们的天真和顺从，批判了社会的虚伪。1945 年，正值第二次世界大战结束，原子弹时代开启，对于乌拉圭文化来说，这一年同样重要，在这一年乌拉圭开始筹备建立人文科学学院和国家剧院。这些人大多在 1945—1960 年开始发表作品，因此，他们被称为"批判一代"（Generación Crítica）或"45 一代"（Generación del 45）。

1. 诗歌

"45 一代"中有两位重要的女诗人，她们分别是伊达·比达莱（Ida Vitale）和伊德阿·比拉里诺（Idea Vilariño）。伊达·比达莱是乌拉圭本质主义代表诗人，也是拉丁美洲最重要的诗人之一，曾经担任文学教师、周报编辑。后来被迫流亡至墨西哥，在那里她遇到了墨西哥著名诗人奥克塔维奥·帕斯（Octavio Paz），并积极参与了当地报纸和杂志的编辑。直到 2017 年，她才回到乌拉圭生活。2018 年，她被授予西班牙塞万提斯奖。此外，她还曾获得奥克塔维奥·帕斯奖、阿方索·雷耶斯国际奖、拉美索菲亚王后诗歌奖和费德里戈·加西亚·洛尔卡国际诗歌奖。她的作品大多是短诗，内容与诗歌本身有关，讲究词语的含义。其代表作品有《记忆的光辉》（*La luz de esta memoria*，1949）、《各自在自己的夜晚》（*Cada uno en su noche*，1960）、《想象的花园》（*Jardines imaginarios*，1996）、《无限缩小》（*Reducción del infinito*，2002）等。

另一位女诗人伊德阿·比拉里诺的作品含有一种独特的敏感性，其主题以爱情、孤独和死亡为主，她在诗中探讨生命的意义，和从人类出生起就伴随其左右的死亡。1945 年，她发表了自己的

第一部诗集《诉求者》（*La suplicante*），其中不含任何修辞的情感流露对乌拉圭的现代主义诗歌产生了重要的影响。1970年，她的诗集《天空，天空》（*Cielo，Cielo*）出版，其内容开始向先锋主义发展。此外，她的代表作品还有《失乐园》（*Paraíso perdido*，1949）、《肮脏的空气》（*Por aire sucio*，1950）、《夜间》（*Nocturnos*，1955）、《爱情诗》（*Poemas de amor*，1957）等。

尽管不属于"45一代"，朵拉·伊塞里亚·拉塞尔（Dora Isella Russell）也是同一时期著名的诗人。她出生于阿根廷，1933年到蒙得维的亚生活，在那里她学习了文学。后来，她成了一名教师，同时与国家机构合作研究文学文献。她是诗人胡安娜·德伊瓦武鲁的弟子，因此二人诗歌的风格颇为相近。其代表作品有《不能挽回的歌》（*El canto irremediable*，1946）、《夜晚的船》（*Del alba al mediodía*，1954）、《回归的时间》（*El tiempo del regreso*，1967）、《拉丁美洲诗歌》（*Poemas hispanoamericanos*，1977）等。

马罗萨·迪希奥尔希奥（Marosa di Giorgio）是一名作家、诗人，20世纪50年代开始发表作品。她的大多数作品被收录在两卷《荒芜的纸张》（*Los papeles salvajes*，1989 y 1991）中；胡安·库尼亚（Juan Cunha）也是一位著名诗人，他从小开始写诗，作品以抒情诗为主，代表作有诗集《夜晚的小鸟》（*El pájaro que vino de la noche*，1929）、《黑暗守护者》（*Guardián Oscuro*，1937）、《云朵笔记本》（*Cuaderno de Nubes*，1945）、《光明与黑暗之间的人》（*Hombre entre luz y sombra*，1955）、《丢失的土地》（*Tierra perdida*, 1959) 等；同一时期的诗人、散文家还有豪尔赫·梅迪纳 (Jorge Medina Vidal)，他同时还是文学、人文科学、符号学的教授，代表作有《门》(*Las Puertas*, 1962)、《透明》(*Transparences*, 1987) 等。

2. 小说和散文

胡安·卡洛斯·奥内蒂 (Juan Carlos Onetti) 是"45一代"中最为重要的一位小说家，同时也是拉美文学爆炸时期的一位杰出代表。他曾经担任《前进》周报的编辑部长，1939年他在这份周报上发表自己的第一篇小说《井》(*El pozo*)，被认为是伊比利亚美洲第一本真正的现代小说。随后他又发表了《无主的土地》(*Tierra de nadie*, 1941)、《美梦成真》(*Un sueño realizado y otros cuentos*, 1951) 等。1963年，奥内蒂获得国家文学奖。他最具代表性的作品《短暂的生命》(*La vida breve*, 1950)、《造船厂》(*El astillero*, 1961) 和《收尸人》(*Juntacadáveres*, 1967) 被称为"圣玛丽亚三部曲"，讲述了在"圣玛丽亚"市的3段故事。1972年，三部曲中的《造船厂》获得意大利拉丁美洲研究院文学奖。1975年，奥内蒂移居西班牙，后来拥有了西班牙国籍。1980年，奥内蒂被授予西班牙塞万提斯奖。他的其他作品还有《别了》(*Los adoses*, 1954)、《一座无名的坟丘》(*Una tumba sin nombre*, 1959)、《听清风倾诉》(*Dejemos hablas al viento*, 1979) 等。

马里奥·贝内德蒂 (Mario Benedetti) 也是"45一代"具有代表性的作家之一。除了小说以外，他还出版了多部诗集和戏剧。他的作品很受欢迎，一些小说还被搬上了大银幕，很多歌手把他的诗作为歌词。马里奥·贝内德蒂在许多行业工作过，直到 1945 年，他成为一名记者。他的作品可以分为两个时期，第一时期的作品以现实主义文学为主，批判了当时社会的官僚主义。其中，《休战》(*La tregua*，1960) 和《感谢火》(*Gracias por el fuego*，1965) 两部作品中直接批评了乌拉圭当时的社会，谴责政府把报社作为政治工具的行为。在第二时期，贝内德蒂的作品表达了军事统治下拉丁美洲人民的痛苦和想要逃离的愿望。在这 10 年间，贝内德蒂因遭受迫害而不得不流亡古巴、秘鲁和西班牙，他的作品风格也变得更加大胆。马里奥·贝内德蒂的作品真实地反映了乌拉圭流亡者的生活，控诉了政府的迫害，反思了乌拉圭的文化和政治问题。1997 年，他的自传体小说《脚手架》(*Andamios*) 出版，这部小说讲述了作家自己的流亡生活。1999 年，他的诗歌获得了拉美索菲亚王后诗歌奖。马里奥·贝内德蒂的作品还包括小说《我们是谁的》(*Quién de nosotros*，1953)、《胡安·安格尔的生日》(*El cumpleaños de Juan Ángel*，1971)、《破了一角的春天》(*Primavera con una esquina rota*，1982) 等，诗集《难忘的前夜》(*La víspera indeleble*，1945)、《恰在此时》(*Sólo mientras tanto*，1950)、《办公室的诗》(*Poemas de la oficina*，1956)、《流亡的风》(*Viento del exilio*，1981) 等，短篇小说集《蒙得维的亚人》(*Montevideanos*，1959)、《有无乡愁》(*Con y sin nostalgia*，1977) 等。

在散文方面，"45 一代"中最具代表性的是卡洛斯·雷亚尔·

阿苏亚 (Carlos Real de Azúa)。他曾经担任中学和教师学院的教授，1948年开始参加《前进》周报的新闻运动。1943年，他的第一部文学作品《又近又远的西班牙》(*España de cerca y de lejos*) 出版，在这本书中他批评了弗朗哥的统治。1968年，他与同时代的其他作家一起编纂了《东岸历史》(*Capítulo oriental*) 系列作品，共分为44篇和1篇总目录，讲述了乌拉圭的文学史。1971年，他出版了《当今乌拉圭的政治、权力和政党》(*Política, poder y partidos políticos en el Uruguay de hoy*)，这部作品对乌拉圭的社会和经济现状进行了详细的分析。卡洛斯·雷亚尔·阿苏亚的其他作品还有《文学教育问题所在：作者的选择》(*Problemas de la enseñanza literaria: la elección de autores*, 1961)、《推动与制约》(*El impulso y su freno*, 1964)、《乌拉圭：一个缓冲社会》(*Política, poder y partidos en el Uruguay de hoy*, 1971) 等。

（二）戏剧、电影和音乐

阿尔贝托·苏姆·菲尔德 (Alberto Zum Felde) 是乌拉圭文学院的九位创始人之一，同时也是一位著名的剧作家，对于美洲文化的哲学思想传播起着重要的作用。他编写了一些哲理剧，并试图通过戏剧来向观众传达一些哲学思想。

弗朗西斯科·埃斯皮诺拉 (Francisco Espínola) 是第二次世界大战后乌拉圭的剧作家，他为儿童创作故事，同时也为剧院创作剧本，曾经在学校担任教授，于1961年获得国家文学奖。他还因亲口录制自己的故事而出名,他录制的作品于 1987 年发行,共分为 2 卷。在他的作品中,主人公通常是来自郊区的无依无靠的小人物,在一个排斥他们的社会中逐渐被抛弃并迷失自我。通过他的作品,读者可以感受到作者对这些人物的理解与解读。弗朗西斯科·埃斯皮诺拉的代表作品是《镜子里的流水》(*La fuga en el espejo*, 1937)。

新巴特列主义时期,乌拉圭的电影发展比较缓慢。1952 年,南美洲第一部抒情电影《使命?》(*¿Vocaciónn?*)问世,其导演是里纳·马萨尔迪(Rina Massardi)。1943 年,乌拉圭开始在电台播出一档名为《电影艺术》(Cine Arte)的节目,被认为是乌拉圭第一份关于电影的影音文献记载。1946 年,一群知识分子成立了电影俱乐部。1948 年,该俱乐部开始与大学合作,进一步推动了电影在乌拉圭国内的发展。

在音乐方面,路易斯·克卢索·莫泰特(Luis Cluzeau Mortet)是乌拉圭民族乐派的一位重要代表人物。他一生创作了许多作品,其中比较著名的是钢琴曲和交响乐曲。1930 年,他的作品《午睡》(*La siesta*)获得公共教育部一等奖。此外,他还曾获得塞维利亚伊比利亚美洲展览的金牌。

劳罗·阿耶斯塔兰(Lauro Ayestarán)是乌拉圭重要的音乐史家。他曾经在报纸上发表了许多对于乌拉圭音乐、电影和戏剧的评论,并担任合唱团教师、学院教授等。1941 年,他开始了第一次对乌拉圭民族音乐的调查,在国内寻找过去的流行音乐。通过这些调查研究，他在1953年出版了《乌拉圭音乐史》(*La música en el Uruguay*)的第一卷，其中讲述了从原住民音乐到1860年的文化音乐发展历程。此后，劳罗·阿耶斯塔兰又出版了这部作品的第二卷和第三卷。

弗朗西斯科·库尔特·朗格（Francisco Curt Lange）是拉丁美洲音乐运动的伟大启发者之一，为20世纪的音乐和音乐学作出了巨大的贡献。他出生于德国，1923年定居蒙得维的亚，并在那里创办了拉美音乐学院。1930年，应乌拉圭政府的要求，他创办了官方电台广播服务局（Servicio Oficial de Difusión Radio-Eléctrica），并于1931年成立了服务局下属的交响乐团。此外，他还主持了各种与音乐相关的会议、研讨会等，并出版过一些和音乐有关的书籍和杂志。

此外，同一时期著名的作曲家还有新古典主义音乐家埃科尔托·托萨尔·埃雷卡特（Héctor Tosar Errecart）、民族乐派音乐家豪雷斯·拉马克·庞斯（Jaures Lamarque Pons）和作曲家、指挥莱昂·比里奥蒂（León Biriotti）等。

（三）绘画和雕塑

在绘画方面，较为著名的画家有卡梅罗·德阿萨杜姆（Carmelo de Arzadun），他曾经前往西班牙、法国等地留学，并于1935年加入了华金·托雷斯·加西亚的工作室和乌拉圭艺术建设协会。此外他还曾多次代表乌拉圭在国外参展，包括塞维利亚、巴黎、厄瓜多尔等地都曾经展出过他的作品，他的大多数作品现在被存放在乌拉圭视觉博物馆中。

何塞·古尔维奇（José Gurvich）也是同一时期著名的艺术家。他于1927年出生在立陶宛，1932年他随家人一起迁往蒙得维的亚。何塞·古尔维奇曾经在雨衣厂工作，后来进入国立美术学院学习。他不仅是一位画家，还是一位陶艺工作者。1945年，何塞·古尔维奇加入了托雷斯·加西亚的工作室和乌拉圭艺术建筑协会。1955年，他在罗马举办了自己的展览。

另一位比较著名的画家是阿尔弗雷多·德西莫内（Alfredo de Simone），他出生于意大利，于1900年移居乌拉圭。很小的时候，阿尔弗雷多经历了一场车祸，这导致了他身体左侧出现瘫痪，并且随着年龄的增长越来越严重。然而，这并没有阻碍他追求艺术的道路。他曾经用获得的奖学金学习艺术，还曾经在美术馆工作过。1935年，他与其他艺术家一起成立了乌拉圭艺术家联盟（Unión de Artistas del Uruguay）。阿尔弗雷多·德西莫内的代表作品有《街道》（*La calle*）、《夜》（*Nocturno*）等。

在雕塑方面，比较著名的有贝尔纳韦·米切莱纳（Bernabé Michelena），他曾经获得国家奖学金赴欧洲留学，并与其他艺术家一起创办了造型艺术学校（Escuela Taller de Artes Plásticas）。1930年，在乌拉圭的百年展览上贝尔纳韦·米切莱纳的作品获得一等奖。他的作品中，有大量的乌拉圭文化人物的半身像。贝尔纳韦·米切莱纳最著名的作品之一是置于蒙得维的亚何塞·巴特列·

奥多涅斯公园的大师纪念碑，由红色花岗岩雕刻而成，其他雕塑作品还包括卡拉斯科机场的纪念雕塑和奥希金斯纪念碑。

爱德华多·迪亚斯·耶佩斯（Eduardo Díaz Yepes）是托雷斯·加西亚长女的丈夫，西班牙人，出生于马德里，1934年，随家人一同前往乌拉圭。耶佩斯当时被认为是世界七大雕塑家之一。1962年，他应乌拉圭戏剧评论家协会的邀请，根据著名乌拉圭剧作家弗洛伦西奥·桑切斯的形象设计雕像，作为其同名戏剧奖的奖杯。他的代表作品有《海南纪念碑》（1958）、《亚特兰蒂斯教堂的基督像》（1961）等。

赫尔曼·卡夫雷拉（German Cabrera）是乌拉圭著名的造型艺术家，同时也是一位抽象艺术家，经常使用建筑和工业设计的一些边角料来制作雕塑。另一位著名的抽象派艺术家是奥克塔维·波德斯塔（Octavio Podestá），他的雕塑由铁片和木头组成，颜色十分突出。克塔维·波德斯塔曾经多次在国内外展出自己的小型作品，在乌拉圭的公园、广场、墙壁和花园中也经常可以看到他的作品。还有萨鲁斯蒂亚诺·平托（Salustiano Pintos）、迪亚斯·巴尔德斯（Wifredo Días Valdez）和乌戈·南德斯（Hugo Nantes）都是乌拉圭比较有名的雕塑家，他们都曾代表乌拉圭参加海外雕塑展览。

第八章 军人专政时期的乌拉圭

1973年政变与军人专政时期

由于文人政府无法有效处理国内的武装斗争,军队被赋予了越来越多的权力。与此同时,国家武装力量方面也认为,现有的政府已经没有能力领导国家的发展。1973年2月8日,为了控制军队日益强大的力量,博达贝里总统任命退休将军安东尼奥·弗朗赛斯(Antonio Francese)为国防部长。任命当天上午,新的部长试图与陆海空三军的领导会晤,然而只有海军指挥官到场。到了晚上,陆军和空军通过电视表示,不会听从弗朗赛斯部长的命令,并要求总统任命军方的代表为国防部长,这一请求遭到了总统的拒绝。9日凌晨,海军步枪手开始把守蒙得维的亚的旧城区。作为回应,陆军把坦克开上了街道,占领了几个无线电台,并且宣称军人若执政,将会鼓励出口贸易,重组社会服务,清除国债,解决失业难题,打击经济违法和腐败问题,重新安排行政管理和税收政策,将土地再分配,国家将实现社会经济目标,并规劝海军也加入他们的行列。10日,一些海军军官无视中将胡安·何塞·索里亚的命令,加入到政变当中。11日,索里亚中将辞职以表明自己的立场，取代他位置的中尉则带领海军放弃了对《宪法》的维护，与陆军空军一同反对政府。12日，博达贝里总统与军方签订了《博伊索·兰萨协定》(Pacto de Boiso Lanza)，宣布军队为国家发展的安全提供保障，同时可以参与到国家的政治管理当中。此外，还成立了国家安全委员会 (Consejo de Seguridad Nacional)，除了总统和各部门部长以外，其成员还包括陆海空三军的指挥官，还有警察联合部队总参谋长。通过这项协定和国家安全委员会，乌拉圭政府已经由军人所控制，文人只是形式上的总统，实际权力已掌握在军人手中。

委员会内的其他部门和军方的关系十分紧张，当军方提出从委员会驱逐广泛阵线的一名成员时，遭到了强烈的反对，这件事成为又一次政变的直接导火索。1973年6月27日，在军政府的压力下，博达贝里总统解散了议会，成立了国务委员会 (Consejo de Estado)。自此，乌拉圭军人专政时期开始。

新成立的国务委员会将行使立法、行政审查、对宪法实施改革的权力，同时，国务委员会还颁布了新闻审查制度。乌拉圭国内的一些中产阶级无法接受这样的变化，在国务委员会成立的同一天，全国工人大会和共和国大学组织了一场罢工来反对军队的政变。这场罢工持续了15天，是乌拉圭历史上时间最长的一次罢工。在罢工期间，军队逮捕了无数的反对者。

1976年，博达贝里在自己的任期快要结束时，提出了体制改革的想法。他认为国家的政治混乱是由国家的政治体制所导致的，于是向军政府提议修改现有宪法,消除所有政党,用社团主义当中的"意见流派"(corrientes de opinión)来取代。这一做法的实际目的是维护其自身的总统地位。军政府则认为,问题所在不是政党本身,而是政党内部成员,尤其是现在各个党派的领袖。因此,军政府拒绝了博达贝里的要求,并强迫他下台,迫使他放弃了总统的职位,他的工作由国务委员会主席阿尔贝托·德米切利·利萨索(Alberto Demicheli Lizaso)接替。

在阿尔贝托·德米切利·利萨索执政期间,颁布了两条政治法令,其中一条取消了将于11月举行的选举;另一条成立了国家理事会(Consejo de la Nación),并且规定理事会有权力任命乌拉圭东岸共和国总统以及国务委员会、最高法院、行政争议法庭和选举法庭的成员。在经济方面,德米切利肯定了前总统博达贝里于1972年颁发的国家发展计划(Plan Nacional de Desarrollo),在外贸产品结构、收入分配、价格控制方面做出了巨大的改变,鼓励贸易的自由和开放。然而,作为曾经红党的一员,德米切利拒绝签署军方提供的一份流放政界人士的法案。1976年9月1日,德米切利被军方罢免,随后军方任命前公共卫生部部长阿帕里西奥·门德斯·曼弗雷丁(Aparicio Méndez Manfredin)为总统,任期5年。

门德斯上台以后,签署了德米切利不愿意签署的法案,这导致在未来的15年内,共和国的1.5万多名居民无法参与到国家的政治生活当中。1980年,军政府和门德斯总统共同起草了一部新的《宪法》,企图将独裁统治合法化,然而这部《宪法》没能通过当年的公民投票。1981年9月，退役中将格雷戈里·阿尔瓦雷斯·阿尔梅伊诺（Gregorio Álvarez Armellino）成为新一任总统。

过渡时期

自1980年公民投票以后，乌拉圭恢复民主制度的呼声越发高涨。然而，阿尔瓦雷斯中将上台后，对反对派政治家采取了更加严厉的压迫政策。军事法庭起诉了将近6 000人，另外有上千人被关押在军事集中中心，约100人在关押期间死亡，超过170人在关押期间失踪。

1982年，政府进行了内部选举。尽管许多红党、白党成员以及左派成员都已经被流放，这次选举还是取得了一定的收获。在此次选举中，乌拉圭各政界人士达成共识，要反对独裁，恢复民主政府，因此选举的结果是反对独裁的一方获得了胜利。此后，政界人士与独裁政府之间的对话逐渐恢复。1983年7月，双方进行了第一次谈判。然而，这次谈判没能顺利进行，因为独裁政府从未停止对各政党成员的压迫。与此同时，乌拉圭社会上的一些其他组织也开始行动起来。工会逐渐开始重新采取行动；学生组建了公共教育学生协会和文化协会，以协会的力量来反对独裁；一些文化场所为工人和学校的反抗运动提供了场所，摆脱了自独裁之后开始实行的一些审查机构的监控。1983年中，工厂停电，人们上街敲打铁锅来表达对独裁者的不满。11月，人们聚集在蒙得维的亚方尖塔周围,高呼口号:"为了民主和没有排斥的乌拉圭 (Por un Uruguay democrático y sin exclusiones)。"

1984年7月,独裁政府与政界人士恢复谈话。白党成员由于其领袖被拘留而拒绝参加会谈,因此这场会谈在独裁政府与红党、公民联盟和左翼代表之间进行。这次谈话结束后,一些法案被废除,政府开始逐渐释放被关押的政治犯。同年8月23日,双方签订了《海军俱乐部协定》(Pacto del Club Naval),协定规定各政党恢复活动,国家安全委员会由总统领导,恢复国家民主进程,并于11月进行新一届总统选举。在11月25日的总统选举中,红党获得了胜利,玛丽亚·桑吉内蒂被选举为下一任总统。1985年2月12日,阿尔瓦雷斯提出辞职,由最高法院院长拉法埃尔·阿迭戈·布鲁诺(Rafael Addiego Bruno)暂时担任国家总统,直到3月1日新总统上任。

军人专政时期与过渡时期的社会和经济

在军人专政时期,军政府对国内的政界人士实施了压迫,其主要特点是大规模和长期的监禁。政府对被关押的政界人士实施酷刑,还想方设法弱化被关押者的心理素质。另一方面,在这一时期,成百上千的乌拉圭人经历了政治流亡,因政治原因而迁往其他国家。在国外,他们中的许多人都组织了大规模的抗议活动来反抗乌拉圭独裁政府的统治。然而,离开乌拉圭并不能保证他们的安全。在南美洲"秃鹫计划"（Plan Cóndor）的支持下，乌拉圭军政府可以在参与该计划的任何国家内对逃离国家的政界人士进行压迫，他们中的许多人在阿根廷、智利、巴拉圭甚至是玻利维亚和哥伦比亚遭到乌拉圭独裁政府的逮捕和暗杀。

此外，独裁统治者还建立了一个监视网，限制公民的自由。信息和情报部门负责及时将居民的情况上报给政府以破坏和阻止起义活动。1973年10月，国家规定所有发往国外的有关国内状况的报道必须经过政府的审查。1975年，政府查抄了国家邮政管理局内所有可能带有反动言论的信件。独裁政府还对媒体进行了严格的审查，出版物、广播和电视节目都被控制，禁止一切不利于独裁的言论出现。如果出现不当言论，就会被处罚暂停甚至终止继续运营。一些在独裁政府看来含有"反动思想"的作家被禁止出版一切作品。

独裁政府对国内的一切艺术行为也都实施审查。为此成立了审查委员会（Comisión de Censura）来决定公众可以看到什么样的内容。在电影方面，制片厂需要征得政府的同意以后才能开始拍摄，在上映前也必须经过审查委员会成员和军方代表的检阅，来确定其是否可以播出。

此外，审查委员会还负责监视国内的一切集体或个人活动，禁止一切反对政府命令的声音出现。有可能为会议、集会、节日等提供聚集场所的地方在举办活动前都需要经过事前授权。同时，情报机构人员还要参与到这些活动当中来对其进行控制。

另一方面，由于政治不稳定，国内的教育发展也受到了一定的影响。军政府上台后，大大减少了用于教育方面的预算，还对大学教师和知识分子进行迫害，这些都严重影响了乌拉圭的教育质量。1973年，政府颁布了一般教育法（Ley General de Educación），成立了全国教育委员会（Consejo Nacional de Educación），用来加强教学秩序与教学纪律，并对学校实施监督。

在经济方面，1973年，国家颁布了《国家发展计划》（Plan Nacional de Desarrollo），提出限制国家在经济协调当中的作用，实现经济对外开放，对私人企业分级，提高外国企业的收入。同年10月，石油危机爆发，原油价格上涨，欧洲市场关闭，造成外部环境失衡，乌拉圭的经济也受到严重影响。这时，政府开始鼓励出口商品的多样化，对一些农工业产品免税，提供优惠的信贷额度和财政便利。军政府试图将乌拉圭转变为一个国际化的金融中心，因此取消了对汇率的限制，确保比索的自由兑换和国外汇款功能，鼓励外资银行分行的开设，颁布法律以促进外国投资。此外，政府还降低了进口税，促进非传统商品的出口，与巴西、阿根廷贸易一体化，实现农业和畜牧业市场的自由化。虽然政府提出要减少干预，但是相关部门还是积极参与到了计划当中。

1974年6月，亚历山大·贝格·比例加斯（Alejandro Végh Villegas）被任命为经济部长，负责落实《国家发展计划》中政策的实施。针对国家的情况，贝格对计划又提出了一些修改。他希望取消保护主义的经济结构，取消银行和金融机构运行时的各种限制,削减预算,特别是社会支出,减少政府机构的就业,同时出售大多数国有企业。为了吸引外资,国家还颁布了《外商投资法》(Ley de inversiones extranjeras),降低了劳动力的成本,推动了乌拉圭金融体系和外汇市场的自由与开放。1975—1980年,严格的货币政策将通货膨胀率从1972年的100%降至1980年的40%~67%,到1982年仅为20%,国家社会服务方面的预算得到了严格控制,实际工资也有所下降。

1974—1980年,乌拉圭国内生产总值持续增长,但不均衡。另一方面,政府大力支持非传统商品的出口,直接推动了纺织品、皮革、化学物品和一些非金属矿物工业的发展。此外,出口对象国也逐渐多样化起来,一些亚洲和阿拉伯地区的国家也与乌拉圭建立了贸易关系。乌拉圭的经济开始逐渐好转,贸易逆差额也顺利缩小,从1974年的9亿5 600万美元减少至1978年的123.9万美元。然而,从1980年开始,随着军方经济计划的解体,情况发生了变化。1981—1983年,国内生产总值下降了约20%,失业率上升至17%。由于石油价格的上涨,乌拉圭的外债负担逐渐加剧,外债数量呈指数级增长,到1984年高达约30亿美元。

1982年11月,政府取消了自1978年以来实行的"爬行钉住汇率制"的制度,改为"浮动汇率制",对工业和农业等背负美元债务的产业造成了不利的影响。货币股价过高,限制了国内生产商提高价格以便与更便宜的进口产品竞争的能力。由此导致乌拉圭新比索的崩溃,这使得成千上万的个人和企业破产,主要由外国人拥有的金融部门则得到了巩固和扩大。随着形势的恶化，为了挽救银行系统，国家购买了私人银行持有的牧场主、工业家和进口商的债务组合。这对财政赤字产生了不利影响，使得外债再次不断增多。由此，乌拉圭陷入了自 1929 年以来最严重的经济危机之中。

军人专政时期与过渡时期的文化和艺术

乌拉圭著名女诗人阿曼达·贝伦格尔（Amanda Berenguer）于 1921 年出生于蒙得维的亚，她于 2006 年被授予国家文学院荣誉院士。1944 年，她与作家何塞·佩德罗·迪亚斯结婚。诗集《工作与发明》（*Quehaceres e Invenciones*，1963）是她最重要的作品之一，该部作品的特点是诗歌结构丰富，韵律优美，表达了阿曼达·贝伦格尔对世界和艺术最基本的观点。此外，她的作品《埃尔切女士》（*La dama de Elche*，1987）获得了乌拉圭教育和文化部诗歌类一等奖。这部作品的第 2 版在 1990 年获得了巴托洛梅·伊达尔戈奖。阿曼达·贝伦格尔的诗歌代表作还有《河流》（*El río*，1952）、《原材料》（*Materia prima*，1966）、《桌上的标记》（*Los signos sobre la mesa*，1987）、《垂钓者》（*El pescador de caña*，1995）等诗集。

克里斯蒂娜·佩里·罗西（Cristina Peri Rossi）是乌拉圭著名的作家、翻译家和政治家，她被认为是乌拉圭 20 世纪 50 年代以来最优秀的当代小说家之一。她的作品被翻译成超过 20 种语言出版，包括意第绪语和朝鲜语。然而，因为1973—1985年乌拉圭国内实行的审查制度，她的作品被禁止出版，她的名字也无法出现在媒体上。于是，1972年以后，克里斯蒂娜·佩里·罗西流亡西班牙，定居在巴塞罗那，并在那里完成了她的大部分创作。她是一位先驱女作家，也是唯一一位与拉丁美洲文学爆炸有关联的女性作家。克里斯蒂娜·佩里·罗西还翻译了一些作品，与西班牙的艾菲通讯社等媒体有合作关系。她的作品一般围绕着爱情、女性主义和权力压迫下的个人自由而展开，文章中讽刺性的幽默犀利地揭示了独裁时期的政治流亡和痛苦回忆。克里斯蒂娜·佩里·罗西的代表作品有短篇小说集《活着》(*Viviendo*, 1963)、《废弃的博物馆》(*Los museos abandonados*, 1969) 等，小说《恐慌的迹象》(*Indicios pánicos*, 1970)、《恐龙的下午》(*La tarde del dinosaurio*, 1976)、《孩子们的反抗》(*La rebelión de los niños*, 1980) 等，诗集《离散》(*Diáspora*, 1976)、《雨后的欧洲》(*Europa después de la lluvia*, 1987)、《爱与恨的诗》(*Poemas de amor y desamor*, 1998) 等。

马里奥·德尔加多·阿帕拉图 (Mario Delgado Aparain) 也是乌拉圭著名的作家之一，他的散文充满了丰富的想象力和尖锐的幽默。马里奥·德尔加多·阿帕拉图的作品被翻译成了多种语言，其中小说《可怕的绿色双眼》于2002年在法国获奖。他的小说《约翰尼·索萨的叙事曲》(*La balada de Johnny Sosa*, 1987) 获得了蒙得维的亚市立文学奖。此外，他的小说《受母亲的委托》(*Por* mandato de madre，1996）和《着简单丧服》（Alivio de luto，1998）也先后获奖。马里奥·德尔加多·阿帕拉图的其他代表作品包括小说《优雅之态》（Estado de gracia，1938）、《彗星日》（El día del cometa，1985）、《不要拿走逝者的鞋子》（No robarás las botas de los muertos，2005）等，短篇小说集《法国的钥匙》（Las llaves de Francia，1981）、《美好之死的原因》（Causa de buena muerte，1982）等。

爱德华多·休斯·加莱亚诺（Eduardo Hughes Galeano）是乌拉圭同一时期另一位重要的作家。他的作品与拉美国家的现实密切相关，意在探寻拉美社会和政治问题的根源。爱德华多·休斯·加莱亚诺14岁开始在报纸上刊登自己的文章和卡通画，他曾担任过周报的主编。1973年，爱德华多·休斯·加莱亚诺流亡阿根廷，在那里创办了杂志《危机》（Crisis）。1976年，他流亡西班牙，在9年后回到了乌拉圭。后来，爱德华多·休斯·加莱亚诺创建了自己的报社。1999年，他在美国获得了文化自由奖（Premio para la Libertad Cultural）。爱德华多·休斯·加莱亚诺的作品被翻译为20多种语言，被认为是对拉丁美洲进行深刻剖析的作品。他最出名的作品是《拉丁美洲被切开的血管》（Las venas abiertas de América Latina，1971），该部著作分析了从哥伦布发现南美洲大陆至作品出版当年这将近500年内南美洲的发展历程，语言简单，易于理解，至今已经再版30多次。1978年，爱德华多·休斯·加莱亚诺的小说《爱情与战争的日日夜夜》（Días y Noches de Amor y de

Guerra）出版，该小说以编年史的形式讲述了拉美大环境下的阿根廷和乌拉圭的独裁。他的《火的记忆》（Memoria del fuego）三部曲获得了美国图书奖。该三部曲由《起源》（Los nacimientos，1982）、《面容和面具》（Las caras y las máscaras，1984）和《百年风云》（El siglo del viento，1986）组成，以集诗歌、历史和故事为一体，记录了拉丁美洲的文化和历史事件，探讨了拉丁美洲的身份认同问题。爱德华多·加莱亚诺的作品数量非常多，主要代表作有《随后的岁月》（Los días siguientes，1963）、《狮子的白日幽灵和其他故事》（Los fantasmas del día del león y otros relatos，1967）、《拥抱之书》（El libro de los abrazos）、《热爱》（Amares，1993）、《太阳和阴影下的足球》（El fútbol a sol y sombra，1995）、《镜子》（Espejos，2008）等。

在戏剧领域，有著名剧作家、记者、诗人、小说家毛里西奥·罗森科夫（Mauricio Rosencof），他同时也是乌拉圭民族解放运动图帕马罗斯的领导人。1972年毛里西奥·罗森科夫被捕入狱，1973年政变时，他与其他8人一起被军方作为人质。在监狱中被关押了12年后，毛里西奥·罗森科夫于1985年《特赦法》颁布后被释放。2005年，他被任命为蒙得维的亚文化局局长。毛里西奥·罗森科夫的早期作品有《大图莱凯》（El gran Tuleque，1960）、《青蛙》（Las ranas，1960）、《他正在等待的儿子》（El hijo que espera，1988）、《马厩里的格斗》（El combate del establo）等，后期作品有根据狱中经历而撰写的《牢房回忆录》（Memorias del *calabozo*，1988—1989)，这部作品于 2013 年被再次编辑出版，此外还有《未送达的信》(*Las cartas que no lelgaron*，2000)、《外公晚上的故事》(*Leyendas del abuelo de la tarde*，2004)、《小孩的伟大》(*Lo grande que es ser chiquito*，2010) 等作品。

在音乐方面比较著名的作曲家是科里温·阿阿罗尼安（Coriún Aharonián），他在室内乐、管弦乐和迪阿尼等方面都有许多佳作，并且在很多国家举办过演出。同时，他还在共和国大学教授音乐，在国外也开设过课程，还在许多国家机构和国际会议上担任演讲嘉宾。科里温·阿阿罗尼安曾任乌拉圭国家音乐文献研究中心的名誉主任。他的音乐作品有《三个人的音乐》(*Música para tres*，1968)、《五个人的音乐》(*Música para cinco*，1972)、《每一天》(*los cadadías*，1980)、《人们》(*Gente*，1990)、《拉普拉塔河边的雨》(*Llueve sobre el Río de la Plata*，2000)、《我们在说什么？》(*¿De qué estamos hablando?*，2006) 等。

另一位比较著名的音乐家是爱德华多·费尔南德斯（Eduardo Fernández），他是乌拉圭著名的古典吉他弹奏家，曾经分别获得巴西亚雷格雷国际吉他大赛、巴黎国际吉他大赛和西班牙塞戈维亚国际吉他大赛的冠军，还曾在 1977 年和 1983 年分别在美国、英国举办自己的专场演出。此外，爱德华多·费尔南德斯编写的教材还以英文出版发行，供吉他爱好者学习。

第九章 民主化的乌拉圭

桑吉内蒂政府 (1985—1990 年)

胡利奥·玛丽亚·桑吉内蒂 (Julio María Sanguinetti),出生于 1936 年,来自蒙得维的亚市一个中产阶级的意大利移民家庭。从 1953 年起便开始为国内新闻报刊撰稿。1961 年毕业于蒙得维的亚大学,获得法律和社会学博士学位。1963 年,年仅 27 岁的桑吉内蒂首次当选为国会众议员。从 1967 年起,桑吉内蒂成为当时的红党总统豪尔赫·帕切科·阿雷科 (Jorge Pacheco Areco) 关于美洲国家组织 (Organización de Estados Americanos) 事务顾问团中的一员,1969—1971 年,担任帕切科政府的工商部长。1972 年,桑吉内蒂被当时的红党总统胡安·玛丽亚·博达贝里 (Juan María Bordaberry) 任命为教育和文化部长。1973 年军事政变之后,军人专政,中止宪法,停止政党和工会活动,桑吉内蒂因不满军人过多干预政治而被剥夺政治权利多年,于是在此期间,桑吉内蒂致力于为国内报纸撰文,批判政府专政,谴责军人侵犯人权,并设法维护党的组织,为恢复合法政治活动而发声。由于 1980 年军人政府提出的《宪法》法案遭到反对,军方被迫同各政党领导人进行协商,

1981年，阿尔瓦雷斯就任过渡时期总统，其上台后恢复了与各政党间的对话，使得乌拉圭出现了民主化进程的新曙光，在此背景下，同年，桑吉内蒂的政治权利也得到了恢复。1983年，桑吉内蒂当选红党总书记；1984年在大选中获胜；1985年就任乌拉圭第40任总统，任期5年，1990年期满卸任总统职务之后，仍继续从事党务活动。根据乌拉圭宪法，前总统可隔届参加总统竞选，桑吉内蒂于1994年第二次胜选，担任乌拉圭第42任总统，任期至2000年。以下是其第一任期内的相关情况：[1]

1985年3月1日，桑吉内蒂走马上任，由于军人专政刚画上句点，乌拉圭尚处于民主化的初期，桑吉内蒂政府面临着艰巨的任务，需要着手解决国内诸多复杂的问题。政治方面包括：政治犯问题、大赦问题、军事犯罪问题以及侵犯人权问题、恢复数千名公务员职务问题、重建民主制度等；经济与社会方面包括：国内外债务问题、失业问题、薪资待遇问题等。为了解决上述问题，桑吉内蒂政府采取的措施如下[2]：

在政治上，1985年3月桑吉内蒂政府执政后便恢复了1967年宪法。此外，桑吉内蒂遵循"和平改革"路线，通过议会程序恢复

---

[1] Julio Ortiz de Zárate, "Julio María Sanguinetti Coirolo", https：//www. cidob. org/biografias_lideres_politicos/america_del_sur/uruguay/julio_maria_sanguinetti_coirolo, Barcelona Centre for International Affairs（CIDOB）, actualización：3 de marzo de 2016.

[2] José Rilla, "Uruguay 1985‐2007：Restauración, reforma, crisis y cambio electoral", 2008, *Nuestra Américia*, Nº 6, 2008, págs, 63‐95.

了包括共产党在内的诸多政治、社会组织的合法地位；恢复了大学自治和新闻自由，大学校长、系主任一律复职。桑吉内蒂反对军方的国家安全理论，主张军队职业化、民主化，并采取措施减少军队和警察人数，削减军费开支。但是，在释放政治犯这一问题上，桑吉内蒂政府却经历了一场危机：1987年，其政府经由议会通过了《废除国家惩罚条例法》（Ley de caducidad de la pretensión punitiva del Estado，又名 Ley de punto final），此法规定将那些军方的军人和警察无罪释放，但是这引起了其他政党、人权机构、社会组织以及民众的诸多不满，尤其是左派政党，他们将此法称为"有罪不罚法"（Ley de impunidad），于是，在诸多反对的呼声和斗争压力下，1989年4月，乌拉圭举行了全民公投，最终以58%：42%通过了继续执行大赦法，才得以化解这场政治危机。①

在经济上，桑吉内蒂政府提出首要任务是解决高昂的外债问题，因为当时乌拉圭外债高达51亿美元，这已经接近了乌拉圭的国民生产总值，为此，桑吉内蒂非常重视与美洲国家的经济对话与协商，积极参加美洲国家组成的地区性组织的活动，如利马集团（el Grupo de Lima，成员有：秘鲁、巴西、阿根廷、乌拉圭）；拉美八国集团（el Grupo de los Ocho，成员有：阿根廷、巴西、哥伦比亚、墨西哥、秘鲁、乌拉圭、委内瑞拉、巴拿马）等。其中，

---

① José Rilla, "Uruguay 1985 – 2007: Restauración, reforma, crisis y cambio electoral", 2008, *Nuestra América*, N° 6, 2008, págs, 63 – 95.

值得一提的是，在 1988 年 10 月 27 日—29 日于乌拉圭埃斯特角举行的拉美八国集团（1990 年更名为里约集团）首脑会议中，通过了《乌拉圭宣言》，强调该集团的目标是"和平、安全、发展、民主"，此外，宣言还指出，严重的债务危机正在威胁拉美地区的稳定和社会经济的发展。会议要求债权国同债务国"共同承担责任"，把债务问题看成政治问题，通过谈判寻求解决办法。并决定 1988 年年底在里约热内卢举行"八国集团"财长会议，以寻求减轻外债负担、增加发展资金的办法。宣言还表明，为了实现自己的目标，会议决定采取下列行动：同工业化国家进行政治对话；加强地区组织机构；促进拉美一体化；和平解决中美洲冲突；同贩毒进行斗争；扩大国际贸易，反对保护主义；为促进本国发展和解决外债问题寻求财源；保护环境。[1][2][3] 但是，减轻外债是一个任重道远的过程，截至 1989 年，乌拉圭的外债仍高达 62 亿美元，需用出口收入的 1/3 还债，负担仍很重。不过，由于桑吉内蒂执行自由经济政策，鼓励外国投资，紧缩公共开支，取消外汇管制，允许生产者自定产品、产量和价格，贸易自由，放宽进口限制，扩大出口，军政府时期濒于崩溃的经济逐步恢复，使得生产增加，通货膨

---

[1] Julio Ortiz de Zárate, "Julio Maria Sanguinetti Coirolo", https://www.cidob.org/biografias_lideres_politicos/america_del_sur/uruguay/julio_maria_sanguinetti_coirolo, Barcelona Centre for International Affairs (CIDOB), actualización: 3 de marzo de 2016.
[2] 李春辉：《剑桥拉丁美洲史》，商务印书馆 1983 年版。
[3] 人民网：http://www.people.com.cn/GB/historic/1027/3598.html，更新于 2003 年 8 月 1 日。

胀率下降，失业率保持稳定、出口增加，国内生产总值增加了15%，实际工资增长30%，工业增长20%，就业增长40%，消费增长20%。[1]

对外关系方面，桑吉内蒂政府奉行独立自主、开放和多元化外交路线，强调不干涉别国内政原则，主张和平解决国际争端，谋求同所有国家发展友好关系，注重开展经济外交，积极推动地区一体化进程。1986年，乌拉圭当选联合国经社理事会成员，在桑吉内蒂政府第一任外交部长恩里克·伊格莱西亚斯（Enrique Iglesias）的积极努力下，乌拉圭在军政府时期受损的国际形象得到恢复，再次成为重大国际会议的举办地，1986年9月关贸总协定会议、1988年10月第二届拉美八国集团首脑会议相继在乌拉圭的埃斯特角城举行。[2] 桑吉内蒂政府十分重视多边经济关系的发展，1986年，在乌拉圭启动了"关贸总协定乌拉圭回合谈判"，旨在改革多边贸易体制，此次谈判规模巨大，涉及100多个国家，历时7年半，1994年才结束，谈判几乎涉及所有的贸易，这足以看出乌拉圭对于开展经济外交的重视程度。在处理同拉美国家的关系方面，桑吉内蒂积极倡导拉美一体化，并同阿根廷和巴西分别签署了合作协定；1985年6月，乌拉圭同牙买加等8个加勒比国家建交；发展同古巴的友好关系，1964年乌拉圭曾同多数拉美国家一样追随美国与古巴断绝了外交关系，1985年10月，桑吉内蒂政府恢复了与

---

[1] 周瑞芳：《乌拉圭总统桑吉内蒂》，《现代国际政治关系》1997年第3期。
[2] 周瑞芳：《乌拉圭总统桑吉内蒂》，《现代国际政治关系》1997年第3期。

古巴中断了21年之久的外交关系。此外，桑吉内蒂政府非常重视发展同中国的关系，1988年2月，乌拉圭同中华人民共和国建交，桑吉内蒂并于同年11月访问中国[①]。

1989年11月，乌拉圭举行恢复宪制后的第一次大选，执政的红党落选，白党在大选中获胜，白党总统候选人路易斯·阿尔韦托·拉卡列·德·埃雷拉（Luis Alberto Lacalle de Herrera）当选总统，这是白党自1962年以来首次赢得选举胜利。[②]

拉卡列政府（1990—1995年）

路易斯·阿尔韦托·拉卡列·德·埃雷拉，出生于1941年，其祖父为白党领袖路易斯·阿尔韦托·德·埃雷拉·克维多（Luis Alberto de Herrera Quevedo）。拉卡列于1958年加入白党；1961年，成为《号角报》（*el diario Clarín*）的记者；1964年，在蒙得维的亚的共和国大学（La Universidad de la República）的法律与社会系完成法学学习；1973年，由于拉卡列反对军人专政而被剥夺议会席位，并引来牢狱之灾，在此后长达12年的时间里拉卡列转而从事法律、新闻等工作，并秘密参与反对军政府独裁的活动；1982年拉卡列担任白党领导人职务；1984年当选参议员；1987年当选参议院副议长；1988年获得总统候选人资格；1989年11月，

[①] 塞萨尔·费雷尔：《乌拉圭的对外关系》，《拉丁美洲研究》2006年第2期。
[②] 贺双荣：《列国志 乌拉圭》，社会科学文献出版社2005年版。

拉卡列在总统大选中获胜,他成为白党自 1836 年建立以来的第 4 位白党共和国总统。①

1990 年 3 月 1 日,拉卡列宣誓就任总统,其在政治上面临的形势是,由于白党在议会中不占多数,拉卡列总统与红党一些派别组成了"全国一致(Coincidencia Nacional)"联合政府,并吸收了 4 名红党成员入阁。② 在经济上,拉卡列政府的首要任务是:抑制通胀、削减财政赤字、推动经济开放和改革以及放松经济管制。③

在经济上,为了缓解财政负担、放松市场管制、提高经济竞争力,拉卡列政府效仿美国,推行新自由主义经济改革,具体表现为:金融改革、去官僚化改革、减少国家机器、废除垄断、使大型国有企业向私有资本开放。然而,上述这些激烈的改革措施很快在"全国一致"联合政府中产生了裂痕。拉卡列政府成立之初推出了一项财政改革法案,要求增加税收,包括增收个人所得税、增值税等,税收增加威胁到工业、商业及农牧业的生产活动,此外,政府还推出了遗产税。以上措施引发了民众的不满情绪,因为高昂的税收影响了家庭的购买力,后来甚至引发了大规模的罢工运动。经过拉卡列和红、白两党领导人艰难的协商,1991 年,国会通过了

---

① Julio Ortiz de Zárate, "Luis Alberto Lacalle Herrera", https://www.cidob.org/biografias_lideres_politicos/america_del_sur/uruguay/luis_alberto_lacalle_herrera/(language)/esl-ES, Barcelona Centre for International Affairs (CIDOB), actualización: 3 de diciembre de 2019.
② 贺双荣:《列国志 乌拉圭》,社会科学文献出版社 2005 年版。
③ José Rilla, "Uruguay 1985 – 2007: Restauración, reforma, crisis y cambio electoral", 2008, *Nuestra América*, Nº 6, 2008, págs, 63 - 95.

国有企业法（Ley de Empresas Públicas），此法案旨在通过对国内国有企业进行部分私有化改革而消除垄断现象。此法案涉及的领域有：保险业、酒业、通信业、煤气业、发电业、空运、渔业、港口、铁路、燃气等。1992年12月，乌拉圭对此法中的5条私有化条款进行了公投，超过70％的选民投票赞成废除这些条款，从而否决了拉卡列政府的私有化计划。但是，乌拉圭经济也有一些乐观的改变：1991年和1992年，由于实施了严格的财政政策，且阿根廷和巴西的汇率比较稳定以及石油价格的下降，乌拉圭的通货膨胀率虽然依然很高，但还是呈现了积极的下降趋势：1991年，通货膨胀率由1990年的129％下降至81％，1992年下降至59％。此外，由于阿根廷农产品、旅游服务以及用电方面需求的推动，在1991年，乌拉圭经济增长了3.2％，1992年，经济甚至增长了7.5％。①

在政治上，拉卡列政府经历了一系列考验：1991年，前总统桑吉内蒂领导的红党"巴特列主义论坛（Foro Batllista）"退出了联合政府；此外，拉卡列政府也受到本党一些派别的巨大压力：1991年，以副总统贡萨洛·阿吉雷·拉米雷斯（Gonzalo Aquirre Ramírez）为首的"革新与胜利派（Renovación y Victoria）"要求

---

① Julio Ortiz de Zárate, "Luis Alberto Lacalle Herrera", https：//www.cidob.org/biografias_lideres_politicos/america_del_sur/uruguay/luis_alberto_lacalle_herrera/（language）/esl-ES, Barcelona Centre for International Affairs（CIDOB）, actualización：3 de diciembre de 2019.

放松经济政策。面对这种情况,1992年2月,拉卡列只能重组内阁,重组后的内阁成员来自: 白党内部除了拉卡列领导的埃雷拉派,还有卡洛斯·胡里奥·佩雷拉(Carlos Julio Pereyra)领导的"全国罗查运动和民族主义人民潮流派"(Movimiento Nacional de Rocha-Corriente Popular Nacionalista, MNR)、副总统阿吉雷领导的"革新与胜利派(Renovación y Victoria)"以及"保卫祖国运动派(Por la Patria)";红党内部只有由前总统帕切科领导的红党联盟和巴特列派。但是新的联合政府并没有在议会中取得绝对多数议席。1993年1月,拉卡列再次对内阁进行重组,但是,1993年3月,由于拉卡列拒绝撤换经济和财政部长伊格纳西奥·德波萨达斯(Ignacio de Posadas),由白党佩雷拉领导的MNR和副总统阿吉雷领导的"革新与胜利派"撤销了他们在议会中对政府的支持,这使得拉卡列政府雪上加霜,仅剩埃雷拉派和帕切科派的支持。1994年8月29日,拉卡列政府还举行了关于《宪法》修正案的公投,主要涉及选举方面的修改,公投获得了63%的支持,被称为"微型改革",其中涉及改革《选举法》案,允许不同政党参与大选和地方选举;此外,还涉及《养老金法》案的改革,但是并未获得民众的多数支持。①

---

① Julio Ortiz de Zárate, "Luis Alberto Lacalle Herrera", https://www.cidob.org/biografias_lideres_politicos/america_del_sur/uruguay/luis_alberto_lacalle_herrera/(language)/esl-ES, Barcelona Centre for International Affairs(CIDOB), actualización: 3 de diciembre de 2019.

对外关系方面，1991年3月26日，乌拉圭与巴西、阿根廷和巴拉圭组成了南方共同市场（el MERCOSUR），拉卡列政府大力推动与南共市国家的一体化进程，在其执政期间，共在乌拉圭举行了2次领导人峰会，分别是1992年12月在蒙得维的亚举行的第三届南方共同市场领导人峰会和1994年1月在科隆（Colonia）举行的第四届南方共同市场领导人峰会。南方共同市场的建立和快速发展为乌拉圭的经济和社会发展产生了积极的影响，成为带动20世纪90年代乌拉圭经济增长的主要动力及乌拉圭参与世界经济全球化的重要平台。此外，拉卡列政府还同智利、墨西哥等南美国家签署了诸多条约及合作协议，以加强和拉美国家的联系。在同美国的关系上，拉卡列总统多次访问美国，1990年12月，布什总统也对乌拉圭进行了访问。拉卡列政府重视发展同西欧国家的关系：1990年，乌拉圭外长格罗斯先后访问英国、法国、意大利和瑞典；1991年乌拉圭外长和财长先后访问英国、比利时等欧共体国家；1994年拉卡列总统访问西班牙。同东欧国家的关系方面，由于1991年苏联解体，乌拉圭承认了立陶宛、爱沙尼亚、拉脱维亚、俄罗斯、亚美尼亚、白俄罗斯、乌克兰等国的独立。此外，乌拉圭同中国的关系也在不断加深，1993年乌拉圭副总统阿吉雷和总统拉卡列分别对中国进行了国事访问，在拉卡列总统访华期间，中乌两国政府签署了5个合作协定，主要涉及经贸合作及签证协议；1990年，中国国家主席杨尚昆也对乌拉圭进行了历史性访问,双方互访和合作日益加强。①

1994年11月27日,乌拉圭举行总统和议会选举,红党在选举中获得胜利,红党领导人桑吉内蒂再次当选总统。

桑吉内蒂政府(1995—2000年)

1995年3月,桑吉内蒂宣誓就任总统。由于在1994年的大选中,具有广泛群众基础的左派"广泛阵线(Frente Amplio)"异军突起,以"广泛阵线"为主体的"进步联盟(Encuentro Progresista)"在大选中成为仅次于白党和红党的第三大政治力量,形成鼎足之势。桑吉内蒂总统看到乌拉圭传统的两党政治事实上的结束,三分天下的政治格局已经形成,为了国家的稳定和发展,他强调全国各政治力量达成全国政治和解协议的必要性,主张实行民族和解,开展多种意识形态对话,推行的改革如下:②

在政治上,由于红党在议会中不占多数,桑吉内蒂政府与白党谈判达成了"政府协定",组成了联合政府。政府内阁最后由6名红党、4名白党、1名公民联盟和1名人民政府党(Partido por el Gobierno del Pueblo, PGP)组成。"进步联盟"仍是反对派,但其主要派别广泛阵线采取了同政府合作的政策,与此同时,政府同意

---

① 贺双荣:《列国志 乌拉圭》,社会科学文献出版社2005年版。
② 周瑞芳:《乌拉圭总统桑吉内蒂》,《现代国际政治关系》1997年第3期。

在社会政策方面关照他们的利益要求[①]。1996年12月，乌拉圭全民公投通过了《宪法》修正案，1997年1月，该法案正式实施。乌拉圭现行《宪法》即是由1997年颁布的。其中，桑吉内蒂政府对选举制度进行了改革：

第一，改革总统选举制，由绝对多数制代替原来的简单多数制。

第二，改变了以往每个政党可以提名多个总统候选人的制度，每个政党只能提名一个总统候选人，地方候选人的提名最多不能超过两个。

第三，规定总统选举中实行第二轮投票机制，废止之前同一政党的候选人所得票数总和为该党所得选票的一轮投票机制。

第四，将全国大选与地方选举分开，规定地方选举在全国大选6个月后举行。[②]

此外，桑吉内蒂政府大力反腐倡廉，惩办贪官：不仅对拉卡列政府时期的一些政府高官的腐败行为进行调查，还于1998年通过了一项针对国家公职人员的法案，即《反对滥用公共职权法》(Dictance Normas Referidas al Uso Indebido del Poder Público) [③]，这是乌拉圭制定的第一个关于反腐败的法律。其中对腐败行为作出

[①] 贺双荣：《列国志 乌拉圭》，社会科学文献出版社2005年版。
[②] José Rilla, "Uruguay 1985 - 2007: Restauración, reforma, crisis y cambio electoral", 2008, *Nuestra Américia*, N° 6, 2008, págs, 63 - 95.
[③] DICTANSE NORMAS REFERIDAS AL USO INDEBIDO DEL PODER PÚBLICO, 23 de diciembre de 1998.

了明确界定,消除了此前《刑法》中界定不清的"灰色地带",该法律明确界定了公职人员违反职业道德的行为,如以借取或其他形式非法占有公有资产、利用政府内部信息为自己或他人牟取利益等。法律规定,这些行为无论是否对国家利益构成损坏、造成不良影响,均以腐败罪论处。《反腐败法》的颁布也为乌拉圭预防和打击贪腐行为提供了坚实的法律基础[①]。

在经济上,上届政府拉卡列政府执政期间曾推行自由主义经济改革,减少国家干预,鼓励私有化,使经济开始增长,通货膨胀得到抑制,预算实现平衡,但是由于社会保险经费开支增多,财政再次出现赤字,乌拉圭加入南共市后,贸易出现逆差。为此,桑吉内蒂对上届政府的经济政策作了调整:

第一,调整国家职能,加强宏观调控力度。主张国家必须控制全国经济的战略部门,保护本国的工农业,慎重开放市场,提高本国产品的对外竞争能力。改变上届政府减少政府参与经济活动的做法,确认国家机器是经济稳定发展的先决条件,建立有效的管理机构和法律制度,强化国家的管理职能。

第二,严格财政制度,限制公共开支,提高公共服务价格,通过稳定财政来促进投资,增加生产,扩大就业机会。

第三,经济和社会改革同步进行。乌拉圭的私有化进程虽不像

---

① "乌拉圭:制度建设是反腐良药",海外观察,中央纪委国家监委网站, http://www.ccdi.gov.cn/lswh/hwgc/201412/t20141216_121928.html,2014年12月16日更新。

阿根廷、墨西哥及秘鲁等国那样冒进和彻底,但同样存在程度不同的贫富差距,并未解决好合理分配问题。因而政府注重抓税收管理这一重要环节,实行税制改革,提高增值税和个人所得税,并收到良好效果。

第四,重视发展旅游业。由于政府重视,改革得当,乌拉圭旅游业获得迅速发展,旅游收入连年增长,已成为国家经济的支柱产业。

第五,改革退休养老金制度。乌拉圭因人口结构变化、管理不善及在职和退休人员比例失调,导致退休基金不足,加重了企业主和全社会的负担。桑吉内蒂政府采取互助和储蓄混合办法开始逐步改革退休养老金制度,以建立有效和合理的社会保障体系。新的退休养老金制度改变了原制度中诸如只按工作年限而不按交纳社会保障金的多少来计算养老金的不合理状况,克服了不交费者享有交费者同等权利的现象,并能逐渐纠正在职人员与退休人员比例失调的状况,把在职期间交纳保障金和储备金的情况同日后领取养老退休金的多少挂钩,鼓励更多青年人加入保险行列。新的社会保障制度为国家开辟了广阔的前景,因为职工的退休储备金已成为推动经济发展的一大重要力量,为国家一些大的建设项目提供了资金,同时在投放国家证券市场后产生的盈利又可资助医疗卫生和社会福利及教育等事业。[1]

---

[1] 周瑞芳:《乌拉圭总统桑吉内蒂》,《现代国际政治关系》1997年第3期。

在教育上，桑吉内蒂政府也进行了积极的改革，尤其是在中小学教育改革方面。目的是加强教育对于社会的重要促进作用。其主要措施包括：增加国家对于教育的预算，比例由之前的 8.6% 增加至 20%；加强师资力量，改革中学教育；将义务教育的范围覆盖到四五岁的儿童，将贫困地区学校的半日制改成全日制，并为贫困地区的学校提供免费餐食。[1]

1999 年 4 月 25 日，乌拉圭根据 1997 年新《宪法》举行了第一次总统初选，豪尔赫·巴特列（Jorge Batlle）成为红党的总统候选人，前总统拉卡列成为白党的总统候选人，前蒙得维的亚市长塔瓦雷·巴斯克斯（Tabaré Vazquez）成为"进步联盟"的总统候选人，从广泛阵线分离出的中左派政党"新空间"领导人拉斐尔·米切利尼成为该党的总统候选人。同年 10 月 31 日，乌拉圭举行全国大选，进步联盟的总统候选人塔瓦雷·巴斯克斯得票最多，红党的总统候选人豪尔赫·巴特列得票居第二位，白党的总统候选人拉卡列得票居第三位，第四位为"新空间"领导人拉斐尔·米切利尼。但是由于在第一轮选举中没有一位总统候选人获得半数以上选票，乌拉圭按照新《宪法》于 1999 年 11 月 28 日举行了第二轮总统选举，红党候选人豪尔赫·巴特列与白党结成竞选联盟，战胜进步联盟的总统候选人塔瓦雷·巴斯克斯当选为乌拉圭新总统。[2]

---

[1] José Rilla, "Uruguay 1985 - 2007: Restauración, reforma, crisis y cambio electoral", 2008, *Nuestra Américia*, N° 6, 2008, págs, 63 - 95.
[2] 贺双荣：《列国志 乌拉圭》，社会科学文献出版社 2005 年版。

豪尔赫·巴特列政府（2000—2005年）

豪尔赫·巴特列（1927—2016年），出身名门，来自一个西班牙加泰罗尼亚移民后裔家庭，其曾祖父、堂祖父、祖父都曾为乌拉圭总统。他于1945年加入红党，1947年赴伦敦求学，1956年毕业于乌拉圭共和国大学，获得法律博士学位。豪尔赫·巴特列曾从事多年的新闻工作，担任过撰稿人、记者、编辑、秘书等职务。1973—1984年军政府时期，因从事政治活动而数次被捕并遭流放。1986年和1998年两度出任乌拉圭驻联合国代表团团长。豪尔赫·巴特列分别于1966年、1971年、1981年和1994年4次参加总统竞选，最终于1999年获选，成为乌拉圭进入21世纪以来的第一位总统。2016年在蒙得维的亚医院去世。

2000年3月1日，豪尔赫·巴特列宣誓就任总统，组建了红、白两党联合政府，在13名内阁部长中，8名为红党成员，5名为白党成员。新政府面临的政治经济挑战十分巨大。

在政治上，作为执政党的红党在议会中所占席位在乌拉圭历史上是最少的，此外，红党与白党的政治联盟并不十分巩固。与上届桑吉内蒂组成的联合政府不同，本届政府的团结性并不高，在组成的联合政府中，白党要求分享政权。因此，政府的某些计划未必会得到议会中白党议员的支持。而且由于政策上的分歧以及对于巴特列执政方式的不满，联合政府的内部冲突不断，特别是在经济政策方面，白党希望巴特列政府能够在减少农业部门的税收、增加教育和卫生方面的开支等问题上履行诺言，但是新政府在2000年的主要经济目标是减少财政赤字，所以，冲突是显而易见的。此外，新政府还面临一个强大的反对派，即"进步联盟"，其在议会中占40％以上的议席，是第一大反对派。所以，进步联盟将对政府的政策形成一定钳制，因此在一些社会问题及私有化问题上，巴特列政府不得不考虑"进步联盟"的立场。①

在经济上，新政府同样面临着严峻的形势。由于巴西货币贬值、阿根廷爆发经济危机，乌拉圭从1999年起就陷入了经济衰退，并且国内生产总值、人均国民收入都呈现连年下降趋势。此外，经济出现了负增长、失业率上升，巴特列政府面临着较大的经济压力，为此，新政府积极采取措施应对危机。2000年，在获得红、白两党投票支持之后，议会通过了紧急法案，其中包含一系列减缓经济危机的措施：降低农牧业部门的税收，因为农牧业部门是出口的支柱；鼓励投资；促进工业部门的就业；允许私人购买土地，鼓励私人资本进入商业部门；减少财政支出，降低财政赤字；降低农业部门的债务，为企业家减负。但随后，由于南方共同市场内部的经济动荡，乌拉圭农牧业部门的危机进一步加重，同时口蹄疫疫情造成了不少经济损失，再加上国际上牛肉、羊毛、大米行情的疲软，以及石油价格的上涨，乌拉圭国内经济状况更是雪上加

---

① 李明德：《拉丁美洲和加勒比发展报告（2000—2001）》，社会科学文献出版社2001年版。

霜。为此，2001年，巴特列政府颁布了国有石油公司私有化法案，该法案允许私人资本进入全国燃料、酒精和水泥管理局（la Administración Nacional de Combustibles, Alcohol y Portland, ANCAP），目的是改造炼油技术、扩大生产、降低汽油价格，但是这一法案也遭到反对，终于在2003年的公投中被否决。巴特列一直在为解决乌拉圭经济危机积极努力着。他积极同南方共同市场成员国对话，支持美洲自由贸易区（Área de Libre Comercio de las Américas, ALCA），强调南方共同市场和美国的对话，以应对欧盟的贸易保护主义，同时寻求本国对外贸易的多样化，因为阿根廷和巴西这两个南方共同市场大国吸收了乌拉圭超过40%的出口贸易，其危机势必会对乌拉圭产生很大的冲击。2002年受阿根廷经济危机的影响，乌拉圭经济受到重创，银行几乎破产，巴特列政府通过一系列外交努力，获得了美国、国际货币基金组织以及世界银行的援助，随后经过银行体系的重组及债务转换计划使乌拉圭经济摆脱了危机。[1]

对外关系方面，在对待南方共同市场的关系上，正如上面所提到的，巴特列政府期间为了减少对南方共同市场的依赖，将对外政策的优先目标放在发展同美国的关系上，2002年巴特列访美时表

---

[1] Julio Ortiz de Zárate, "Jorge Luis Batlle Ibáñez", https://www.cidob.org/biografias_lideres_politicos/america_del_sur/uruguay/luis_alberto_lacalle_herrera/(language)/esl-ES, Barcelona Centre for International Affairs (CIDOB), actualización: 28 de noviembre de 2016.

示要单独同美国谈判自由贸易协定，2003年11月，乌拉圭还单独与墨西哥和秘鲁签署了自由贸易协定。与此同时，由于政治分歧，巴特列政府和巴西还有阿根廷之间出现了一些小的经济摩擦。在与其他拉美国家的关系上，值得一提的是和古巴的关系。2002年，在联合国人权委员会上，乌拉圭同美国以及大多数美洲国家投票支持联合国派代表检查古巴人权状况的提案，指责古巴的人权状况。该法案最终通过，引起了卡斯特罗的极大不满，并指责巴特列这一行为是对美国的卑躬屈膝，于是，2002年4月23日，巴特列政府宣布乌拉圭断绝与古巴的外交关系。在同欧洲尤其是西欧的关系上，巴特列政府也期望同欧盟建立自由贸易区，于是在2001年和2004年，乌拉圭领导人参加了欧拉首脑会议。在同中国的关系上，乌拉圭同中国交往不断加深，高层互访不断，两国还于2000年签署了关于中国加入世界贸易组织的双边协议，根据此协议，中国降低了乌拉圭出口产品的关税。①

由于巴特列执政期间经济持续衰退，所以，红党在2004年举行的总统大选中遭到惨败，而左翼政党联盟，"进步联盟-广泛阵线-新多数派"主席塔瓦雷·巴斯克斯在第一轮选举中以超过半数的选票获胜。这次选举在乌拉圭有着历史性的意义，因为这是左派

---

① Julio Ortiz de Zárate, "Jorge Luis Batlle Ibáñez", https://www.cidob.org/biografias _ lideres _ politicos/america _ del _ sur/uruguay/luis _ alberto _ lacalle _ herrera/ (language) /esl-ES, Barcelona Centre for International Affairs （CIDOB）, actualización: 28 de noviembre de 2016.

政党第一次在乌拉圭上台执政,打破了乌拉圭自 1836 年政党制度建立以来红、白两党长期轮流执政的政治格局。[①]

[①] 贺双荣:《列国志 乌拉圭》,社会科学文献出版社 2005 年版。

第十章 当代乌拉圭

塔瓦雷·巴斯克斯政府（2005—2010年）

塔瓦雷·巴斯克斯，出身于1940年蒙得维的亚市拉特哈区一个工人家庭，家中共有5个兄弟姐妹，其父亲在全国燃料、酒精和水泥管理局（ANCAP）工作，由于其家人分别罹患癌症，塔瓦雷·巴斯克斯决定学医，但是由于家庭经济状况拮据，他中学毕业后，便中断了学业，工作了4年，这四年中他做过服务员、木工学徒、售货员、玻璃工匠等。1961年，他开始了2年的大学预科学习，终于在1963年进入了乌拉圭共和国大学医学系。大学期间，他积极参加体育运动，也曾担任过一些俱乐部的职务。1972年，巴斯克斯从共和国大学医学系肿瘤与放射治疗专业毕业，毕业后在乌拉圭巴尔西亚诊所工作。1976年，他获得奖学金前往法国完善抗癌治疗方面的知识。1986年成为共和国大学医学系肿瘤与放射治疗科的主任教授。此外，由于他对体育也十分热爱，1978年，他成为蒙得维的亚拉特哈区进步足球俱乐部（Club Atlético Progreso）的副主席，之后担任主席，在他的带领下，该俱乐部荣获了1984年全国足球甲级联赛冠军的称号，并两次进入南美杯赛，此后担任了不少体育方面的职务。1983年，塔瓦雷·巴斯克斯加入社会党（Partido Socialista del Uruguay，PSU），该党支持马克思主义，1987年，巴斯克斯进入社会党中央委员会。1989年，在蒙得维的亚市市长的选举中他被广泛阵线推选为候选人，并成功当选，执政期间他实施了多项深受市民欢迎的措施。从1994年起，他担任了"进步联盟-广泛阵线"的主席，1996年他再次被推选为广泛阵线的主席。巴斯克斯曾分别于1994年、1999年、2004年和2014年4次参加总统选举，担任了乌拉圭2005—2010年期间的总统，并在2014年再次当选，2015年3月正式就职，任期5年。以下是其第一任期的情况：①

2005年3月，塔瓦雷·巴斯克斯宣誓就职，成为乌拉圭第51任总统，组建了乌拉圭第一届左派政府，在其执政期间推行的措施深受民众欢迎，塔瓦雷·巴斯克斯卸任时，他的民意支持率超过60%，被认为是"乌拉圭近25年来最为成功的政治形象"。而这很大程度上也是因为左派政党在大选中获得了多数选票，所以不需要组成联合政府，那么政府内阁的政见比较统一，措施政策则更易通过和实施。

内阁建立之后，巴斯克斯启动了PANES计划，并专门成立社

---

① Julio Ortiz de Zárate, "Tabaré Vázquez Rosas", https://www.cidob.org/biografias_lideres_politicos/america_del_sur/uruguay/tabare_vazquez_rosas/(language)/esl-ES, Barcelona Centre for International Affairs (CIDOB), actualización: 21 de noviembre de 2016.

会发展部（el Ministro de Desarrollo Social, MIDES）负责该计划的协调和实施，该计划是一项为期2年的过渡性应急计划，目的是减轻2002年经济危机对乌拉圭的巨大影响，该计划由7个部分组成：国家食品计划（Plan Alimentario Nacional, PAN）、卫生紧急计划（Programa de Emergencia Sanitaria, PES）、公民收入计划（Programa de Ingreso Ciudadano, PIC）、过渡时期教育计划（Programa de Educación en Contextos Críticos）、过渡时期就业计划（Programa de Empleo Transitorio）、危房及养老金计划（Programa de Asentamientos Precarios y Pensiones）和流浪人群住房计划（Programa de Alojamiento a las Personas en Situación de Calle）。PANES计划于2005年5月12日被纳入第17 869法案中，目的是有益于社会上的弱势群体，改善极端贫困的状况，为此，政府加大了在基础设施和公共服务方面的财政支出。该计划实施2年后，政府基本圆满完成了PANES计划，而且其中的公民收入计划（PIC）使得9.1万个家庭和40万人受益。2007年，为了改革社会的不平等状况，政府制订了平等计划（Plan de Equidad），该项计划在2008年1月生效，仍然保持了政府在家庭收入、食品、工作、教育、住房等方面的干预策略。

巴斯克斯认为税收方面的改革是减少社会不公以及收入分配不公的关键。乌拉圭的大部分税收收入来自间接收入（主要是消费税），新的财政政策集中在工作收入方面，并且是以渐进的方式推进，也因为这一点，拉美经委会（CEPAL）将乌拉圭称为在国民收入公平分配和减少经济不平等方面做得"最好的地区",但是也有批评这一政策的人群,因为这一政策加重了中产阶级的负担而没有加重大资产阶级的负担。2007年经过立法程序,乌拉圭通过了新的税收体系,用自然人收入税(Impuesto a la Renta de las Personas Físicas, IRPF)替代个人所得税(Impuesto a las Retribuciones Personales, IRP),工作收入的预扣税率为10%—25%,资本收入的预扣税率为3%—12%,此外,还将经济活动所得税(Impuesto a las Rentas de las Actividades Económicas, IRAE)从30%降至25%。

巴斯克斯政府还设立了国家健康基金(Fondo Nacional de Salud, FONASA)和国家整体健康体系(Sistema Nacional Integrado de Salud, SNIS),其目的为确保健康卫生服务全覆盖、惠及全民以及可持续并且避免不公现象。此外,推出了促进就业的"乌拉圭工作(Uruguay Trabaja)"计划;在教育方面,鼓励基础信息方面的入网教育以推动在线学习的发展,在学校推广全日制学制、推出扫盲计划等;促进家庭入网服务的完善;政府提出行政权力的翻转,即强调民众对于行政管理的参与性,使管理国家的方式进入现代化轨道。

通过以上措施,在2010年巴斯克斯任期即将结束之际,乌拉圭的社会以及经济状况发生了积极的变化:消费、公共投资以及国外私人投资拉动了乌拉圭的内需,其经济也得到了积极的推动,在其任期内经济的年均增长率达6%;乌拉圭的通货膨胀率稳定在

7%左右；财政赤字下降；尽管公共债务有所增加，但是在国内生产总值中的比重下降。①

在外交方面，自巴斯克斯任期伊始，他便重视与巴西及阿根廷的贸易对话，在三国总统的共同推动下，南方共同市场合作包容的精神得以恢复，又重新焕发生机，在拉美地区起到了重要的促进作用；在同委内瑞拉的关系方面，自3月1日巴斯克斯上任起，他便同委内瑞拉总统查韦斯商议了一系列能源产品方面的贸易计划，同时以低廉的价格向委内瑞拉出售农渔产品②；巴斯克斯着手恢复与古巴中断了3年的外交关系；同美国的关系方面，此时期有代表性的方面为是否同美国签订自由贸易协定（FTA），2006年5月，乌拉圭总统巴斯克斯与美国总统布什会谈，双方就缔结FTA达成共识，2006年6月开始了谈判，2007年1月签署了《贸易和投资框架协定》(el Tratado Marco de Inversiones y Negocios, TIFA)。不过，因巴西一开始就反对乌拉圭单独与美国谈判FTA，阿根廷以及委内瑞拉也认为这不利于南方共同市场的关税联盟，因此，谈判再无下文。2008年3月，乌拉圭外长费尔南德斯在会见乌拉圭总工会代

---

① Julio Ortiz de Zárate, "Tabaré Vázquez Rosas", https：//www. cidob. org/biografias_lideres_politicos/america_del_sur/uruguay/tabare_vazquez_rosas/（language）/esl-ES, Barcelona Centre for International Affairs（CIDOB）, actualización： 21 de noviembre de 2016.

② Julio Ortiz de Zárate, "Tabaré Vázquez Rosas", https：//www. cidob. org/biografias_lideres_politicos/america_del_sur/uruguay/tabare_vazquez_rosas/（language）/esl-ES, Barcelona Centre for International Affairs（CIDOB）, actualización： 21 de noviembre de 2016.

表时表示，乌拉圭政府现在没有和美国签署自由贸易协定的打算。为此，美国参议员迪克卢格（Dick Lugar）劝说乌拉圭和巴拉圭加入安第斯地区贸易协定，并强调对乌拉圭来说，在自由贸易协定不可能得到政治支持的情况下，这是替代自由贸易协定的第二个最好的选择[①]。

2009年10月25日，乌拉圭进行总统大选，最被看好的总统候选人分别是执政党进步联盟-广泛阵线的候选人何塞·穆希卡（José Mujica）和民族党候选人路易斯·阿尔韦托·拉卡列·德·埃雷拉，二人同台竞技。但是在首轮大选中，领先的何塞·穆希卡和拉卡列均未超过半数，按照乌拉圭宪法规定，2009年11月29日，乌拉圭举行第二轮总统选举，两人进入第二轮角逐，11月30日，乌拉圭选举法院公布，在第二轮选举中，何塞·穆希卡获得超过半数选票，最终赢得此次大选，当选为乌拉圭总统。而穆希卡也表示，在选举中没有胜利者也没有失败者，他表示将采取温和做法，同其他党派合作，保持乌拉圭经济持续稳定增长。

何塞·穆希卡政府（2010—2015年）

何塞·穆希卡不仅在乌拉圭，在世界范围内也是一位极具传奇色彩的总统，他在国内和国际上都享有极高的声誉：2013年，英

---

① 刘昌黎：《美国缔结FTA的现状》，凤凰文化，2010年10月17日。

国《经济学人》指明其为年度代表领袖；2013年美国《外交政策》称其为世界百大知名思想家之一，2014年他再次入选该杂志评选出的拉美年度最具影响力的五位总统之一；他同时还获得2013—2014年诺贝尔和平奖的提名；2012年他曾在西班牙国内掀起一阵舆论狂风，社会大众开始在各大网络媒体平台上讨论对于总统的热爱，但有趣的是，他们所推崇的这位领导人并非本国的，而恰恰就是另类的乌拉圭总统何塞·穆希卡，足见其影响力之大[①]。

通常很少有人以纯正的个人特质或特殊的个人品性而不是其政府表现来记住一个统治者，然而，何塞·穆希卡的个人形象却深入人心，这很大程度上是基于其节俭而完整的品性。他是一位特立独行的总统，当选总统后，他拒不居住总统府邸，坚持居住在首都蒙得维的亚郊外的一座农场，睡在一间摇摇欲坠的板房里，农场外只有一条仅够一辆汽车行驶的土路。总统必须有警卫，而在其门前，为他站岗的是2名警察和1只三条腿的狗。他个人财产甚少，几乎全部家当就是那辆天蓝色的大众甲壳虫汽车，而这辆1987年出厂的汽车据说也是朋友们一起筹款帮他买的，现在估值也不过1 000余美元，所以，这辆汽车也一直成了其朴素生活方式的象征。他几乎将自己所有的薪水都捐给了社会投资，因此，他被称为"世界上最贫穷的总统"。但是，关于"贫穷"二字的看法，穆希卡

---

① 蔡东杰：《穆希卡，全世界最贫穷也最受人敬爱的总统》，台湾暖暖书屋文化事业股份有限公司2015年版。

却有着自己的见解:"穷人是那些只想着工作赚钱,想过奢华生活、永不知足的人。没有财富也就不会被财富所奴役,所以会拥有更多自己的自由和时间。""真正穷的不是那些拥有少的人,而是那些需要多的人。因此,我觉得,我开着甲壳虫汽车,虽是'世界上最穷的总统',但我不觉得自己穷,因为我比谁都心宽和自由,所以我也是'世界上最幸福的总统'!"① 穆希卡同时也是一位不按常理出牌的总统,面对政治高层的铺张浪费和腐败现象时,他呼吁"谦卑"的道德规范;他不拘泥于标签和所谓的规范,有时甚至出言粗鲁,而他这种口语化的表达方式却为他赢得了更多民众的支持。

何塞·穆希卡,出生于1935年,他在蒙得维的亚郊区的一个小农场主家庭中长大,有着巴斯克人和意大利人的血统,从小就在田野里劳作,并被社会斗争所吸引,所以他曾是学生运动的积极分子。② 年轻时,穆希卡曾是一名自行车运动员,效力于多个俱乐部。二十世纪六七十年代,穆希卡参加了受古巴革命影响的"图帕马罗斯"游击队,其间,他曾身中六弹,险些丧命。他还曾被当局逮捕,遭受了14年的牢狱之灾,尝尽种种磨难和艰辛。1985年,乌拉圭恢复民主选举,穆希卡获释并步入政坛。虽然身为左翼人

---

① 柯玉升:《穆希卡眼中的"穷人"》,《思维与智慧》2016年第22期。
② Julio Ortiz de Zárate, "José Mujica Cordano", https://www.cidob.org/biografias_lideres_politicos/america_del_sur/uruguay/jose_mujica_cordano/(language)/esl-ES, Barcelona Centre for International Affairs (CIDOB), actualización: 4 de diciembre de 2019.

士，但由于自身的坎坷经历、开明的政治主张和质朴的演讲风格，穆希卡也得到了其他政治派别的拥护。2005—2008年，穆希卡担任乌拉圭的农牧渔业部长，同时也是执政党广泛阵线的重要领导人。2009年10月，已经是74岁高龄的穆希卡成为广泛阵线的总统候选人，他也被称为"穷苦人的候选人"，并以52.6%的选票击败对手而成功当选为乌拉圭第40任总统。胜选后，穆希卡表达了包容的政治立场，他还强调，自己将和各个派别合作，推动乌拉圭各项事业的发展，2015年3月，穆希卡卸任总统职务。[1] 其妻子卢西亚·托波兰斯基同样也是执政联盟中的一位重要的领导人，从2017年9月13日起，卢西亚·托波兰斯基任乌拉圭的副总统。

穆希卡政府时期的主要措施如下：[2]

在经济上，总体而言保持了上任政府时期的经济政策。本届政府增加了社会支出在公共总支出中的比重，使得失业率从13%下降至7%，最低工资提高了250%；此外，政府还鼓励国内外投资；政府重视劳动者权益，据国际工会联盟称，乌拉圭在维护劳工权益，尤其是工会自由、集体协商和罢工权利方面已经成为美洲最先进的国家。

在社会政策方面：第一，关于社会住房一体化计划，这一计

---

[1] 刘莉莉：《世界最穷总统：我感觉不到贫穷》，《领导文萃》2015年第14期。
[2] Julio Ortiz de Zárate, "José Mujica Cordano", https://www.cidob.org/biografias_lideres_politicos/america_del_sur/uruguay/jose_mujica_cordano/(language)/esl-ES, Barcelona Centre for International Affairs (CIDOB), actualización: 4 de diciembre de 2019.

划是2010年6月由穆希卡政府提出的,它是对上届塔瓦雷·巴斯克斯政府紧急计划的一种延续,该计划旨在为穷困家庭提供住房,它的经济支持有私营企业的联合、穆希卡月收入的87%以及出售部分弃置国有资产后的所得。第二,毒品政策方面,2012年,穆希卡政府提出大麻合法化,2013年12月,乌拉圭议会以微弱优势通过立法肯定了大麻种植、销售和消费行为,成为世界上第一个允许大麻合法化的国家,这一政策饱受争议,但穆希卡称乌拉圭并非要推崇"毒品战争",而旨在通过合法化手段处理毒品走私问题。第三,2012年,乌拉圭通过了允许妇女堕胎的法律,这使得乌拉圭成为拉丁美洲继古巴之后第二个堕胎合法化的国家。第四,在婚姻法方面,2013年,乌拉圭通过了同性婚姻合法的法案,自此,乌拉圭成为拉丁美洲继阿根廷之后第二个同性婚姻合法的国家。此外,穆希卡政府还进行了教育方面的改革,创办了乌拉圭科技大学(la Universidad Tecnológica de Uruguay),旨在培养技术研究和创新人才。

在对外关系方面,穆希卡政府重视发展同美洲国家的关系,尤其是阿根廷,2011年2月,穆希卡曾会见阿根廷总统克里斯蒂娜·费尔南德斯,商定成立两国商业跟进委员会,旨在发现产品进入阿根廷的延误,并统筹安排,以使乌拉圭产品的进入许可不超过60天;此外,两国还加深了天然气等能源方面的合作;2013年,穆希卡在联合国发表长达45分钟的演讲,深切反思了现代人的生活方式会对全人类、对环境、对家庭生活带来的后果,他说:"我们在过一种奢侈浪费的生活,这对自然、对人类前途,都会带来非常大的危害。这种与简约和节制背道而驰的文化,是违反一切自然循环的,但更糟糕的是,这种文化让人们无法自由地享受人际关系,体验爱情、友谊、冒险、合作和家庭等真正重要的价值。这种文化让人们无法享受自由时间,让我们不能去好好地欣赏和观察自然美景,这都是金钱没办法买卖的珍贵体验。"[1] 2014 年,穆希卡会见普京,并向其指出地图上乌拉圭的位置。

2014 年 10 月 27 日,乌拉圭大选首轮结果显示,总统穆希卡所属"广泛阵线"盟友、乌拉圭前总统塔瓦雷·巴斯克斯赢得 45.5% 选票,而国家党的拉卡列·波乌(Luis lacalle Pou)得票率为 32%,两人均未超过半数,所以,11 月 30 日,乌拉圭举行了第二轮投票,塔瓦雷·巴斯克斯得票率为 53.7%,以较大优势战胜拉卡列·波乌,成为新任总统。

塔瓦雷·巴斯克斯政府(2015—2020 年)

2015 年 3 月,75 岁的塔瓦雷·巴斯克斯再次宣誓就任乌拉圭

---

[1] 穆希卡演讲全文:"Lo peor: civilización contra la libertad que supone tener tiempo para vivir las relaciones humanas, lo único trascendente, el amor, la amistad, aventura, solidaridad, familia. Civilización contra tiempo libre no paga, que no se compra, y que nos permite contemplar y escudriñar el escenario de la naturaleza", 24 de diciembre de 2013,翻译引用搜狐网: https://www.sohu.com/a/139860434_799606,更新于 2017 年 5 月 11 日。

总统，与此同时，当选副总统的是同为"广泛阵线"成员的劳尔·森迪克·罗德里格斯（Raúl Sendic Rodríguez）。与第一个任期相比，塔瓦雷·巴斯克斯在其第二个任期内面临的执政压力较大，这也导致了他的支持率一度明显下降，具体情况如下：

政治上，在塔瓦雷·巴斯克斯本届任期内，整个拉丁美洲地区都在经受着前所未有的反贪风暴洗礼，多个拉美国家持续追查和打击贪污腐败行为，这导致了许多国家的主要政党及人物牵涉其中。而乌拉圭作为该地区的一个国家，自然也面临此类问题，其中最突出的就是副总统劳尔·森迪克·罗德里格斯的贪污腐败案。

2015年，政府对乌拉圭国家石油公司（Ancap）的巨额亏损进行调查，而此前副总统劳尔·森迪克·罗德里格斯曾担任其总裁，所以，他作为执政联盟中的激进派受到了反对派的反对，面临司法调查，他被指责在使用企业信用卡方面违规、滥用职权，这一事件加剧了执政联盟内部的分裂；此外，他还面临学历造假等丑闻，多重压力之下，劳尔·森迪克·罗德里格斯于2017年主动请辞副总统职位。依据乌拉圭宪法，人民参与行动党（Movimiento de Participación Popular）议员卢西亚·托波兰斯基（Lucía Topolansky）接任森迪克成为乌拉圭首位女性副总统。

副总统森迪克突然请辞这件事受到反对派的指责，继续加剧了执政联盟内部的分裂，给巴斯克斯总统执政带来不小的挑战。但是一波未平一波又起，腐败问题持续困扰着巴斯克斯政府。2018年，诸多政府官员、执政联盟成员成为反腐调查的对象，这使得巴斯克斯执政压力持续加大。

进入2019年，虽然巴斯克斯政府仍面临着国内腐败、民众不满以及公共治安等压力，但是要看到，2019年对于拉丁美洲地区来说，是变乱交织的一年，多国爆发大规模抗议甚至暴力冲突，比如智利、委内瑞拉。和这些国内局势一度十分紧张的国家相比，乌拉圭反而成为该地区政治相对稳定的有代表性的国家。

经济上，巴斯克斯再次执政以来，实施稳健的经济政策，加强宏观调控和金融监管，稳步调整经济结构，严格控制财政支出，推动基础设施建设，着力吸引外资，积极扩大出口，使乌拉圭经济总体运行平稳。①

但是与之前相比，在巴斯克斯新一届政府执政的头两年，经济增速放缓，这是国际金融市场的波动、国际市场对于乌拉圭出口产品需求的下降以及国内消费的疲软造成的。但是，随着2017年国际金融状况改善、外部对于大宗产品的出口需求增加，乌拉圭GDP于2017年实现了3%的增长，经济增长提速。在进入2018年后，受全球金融局势波动以及外部需求低迷的影响，乌拉圭经济增速放缓，财政赤字、通货膨胀问题显现。这种趋势延续到了2019年，经济增长持续放缓，扣除价格因素后，实际GDP同比仅增长0.2%，增幅比上年放缓1.4个百分点。

社会方面，尽管与其他拉美国家相比，乌拉圭很长时间以来都

---

① 中国外交部网站：https://www.fmprc.gov.cn/，更新于2019年11月。

被视为该地区最安全的国家之一，但是，在巴斯克斯第二个任期内，公共安全却成为本届政府面临的最突出的社会问题之一。

从2015年起，乌拉圭的暴力违法犯罪事件明显上升。以2018年为例，根据乌拉圭内政部的数据，乌拉圭国内凶杀案件增长了45%，非暴力抢劫案件增长了23%，暴力抢劫案件增长了53%，乌拉圭长期以来被视为哥伦比亚、秘鲁和玻利维亚毒品生产的始发港，这一点构成了其犯罪率上升的主要原因之一。①

针对女性的犯罪问题也同样不容乐观，国内爆发示威游行，抗议针对女性的暴力犯罪事件。对此，乌拉圭政府于2017年通过了《打击性别暴力综合法案》（Ley Integral Contra la Violencia de Género），2018年通过了《跨性别者综合法案》（Ley Integral Para Personas Trans）以应对性别暴力事件。

此外，针对巴斯克斯政府紧缩的经济政策以及面对国内的通货膨胀情况，乌拉圭国内多次爆发要求提高工资及公共开支的游行罢工活动，工会和商界与政府的矛盾加深，这也从侧面反映出政府政策不力的问题，又加剧了民众对于政府的不信任程度，加大了巴斯克斯执政的压力和难度。

另外，本届政府在教育方面的改革不到位，引起了教师的罢工运动，而且乌拉圭还面临着本国人才流失的问题。

外交方面，本届政府依然奉行独立自主的外交政策，开展多元

---

① Luis Muñoz Pandiella, https://www.france24.com/es/20200229-uruguay-lacalle-pou-mujica-legado-izquierda, 更新于2020年2月29日。

务实外交，积极参与地区事务，以南方共同市场为依托，支持南美及拉美地区一体化，注重发展同美国和欧盟国家的传统关系，重视扩大同包括中国在内的亚太国家合作。

乌拉圭作为南方共同市场成员国，重视发挥南方共同市场的作用，优先重视发展同该组织内部其他成员国的关系：2015年年底，总统巴斯克斯接任南方共同市场轮值主席，积极表示愿推动与欧盟的自由贸易谈判；2018年12月，南方共同市场第55届首脑会议在乌拉圭举行，会议讨论了地区经济融合和民主政治等议题；2019年6月，历时20年之后，南方共同市场与欧盟达成历史性的贸易协定，欧盟市场开放99%的农产品贸易，其中81.7%取消关税，其余产品采用配额或其他优惠待遇，取消由南方共同市场出口至欧盟的产品关税，乌拉圭副总统卢西亚·托波兰斯基在参加第55届南方共同市场首脑会议时对与欧盟达成的贸易协议表示赞成。

在发展同拉美国家关系时，值得一提的是乌拉圭和委内瑞拉的关系。双方曾于2015年发生外交摩擦，但随后巴斯克斯政府通过经贸合作努力修复两国关系。此外，委内瑞拉本来是南方共同市场成员国，但2016年，除乌拉圭外，其余三个创始成员国（阿根廷、巴西、巴拉圭）均指责委内瑞拉未履行同南方共同市场的协定，在政治、经济、民主、人权方面均未达标，因而取消其任主席国的资格，委内瑞拉对此提出强烈抗议。面对此局面，巴斯克斯政府一直坚持对话来解决危机，努力维护委内瑞拉成员国地位。但2017年，由于乌拉圭和委内瑞拉又生摩擦，乌拉圭同南方共同市场其他三国一起发表决议，中止委内瑞拉在南方共同市场的成员国资格。2018年，马杜罗当选委内瑞拉总统后，引发国内政治社会危机的同时也引发了拉美地区的紧张局势，加之外部强国的干涉、瓦解政策，在对待委内瑞拉危机问题上，拉美国家分边站队，明显分为两大阵营：反对马杜罗政权的一派和支持马杜罗政权的一方。对此，乌拉圭反对国际社会对委内瑞拉的孤立，支持马杜罗政府。

在同中国的关系上，中乌两国关系发展稳定。2016年10月，乌拉圭总统巴斯克斯访问中国，两国宣布建立战略伙伴关系，将双方关系提升到新高度；双方高层交往频繁，政党和地方政府以及各领域交流密切。2017年乌拉圭众议长、执政联盟"广泛阵线"主席以及多位部长、省长等先后访华，而中国也有多个代表团访问乌拉圭。2018年是中国和乌拉圭建交30周年，2018年8月，中乌两国签署"一带一路"谅解备忘录，乌拉圭成为首个同中国共建"一带一路"谅解备忘录的南方共同市场成员国，这进一步推动了两国关系的发展；同时，两国经贸合作发展迅速，中国是乌拉圭第一大贸易合作伙伴。另外，两国在人文领域的交往也日益密切，自2016年以来，中乌两国签署多项文化领域的谅解备忘录，涉及文化合作、旅游、教育等多个方面。

2019年10月27日，乌拉圭大选第一轮投票结束。据乌拉圭选举法院28日上午10:50公布的最新计票结果（计票进度为99.96%），没有任何一位总统候选人在此轮投票中获得超过50%

的选票，因此需要在 11 月 24 日进行第二轮投票，以确定下届总统人选。在第一轮中获得选票数最多的前两位候选人——执政党"广泛阵线"的马丁内斯（939 363 张选票，得票率约为 38.6%）和民族党的拉卡列·波乌（685 595 张选票，得票率约为 28.2%）进入第二轮角逐。

据乌当地媒体报道，在第一轮选举中得票率排在第三、四位的红党候选人塔尔维（295 500 票，得票率 12.2%）和开放市政厅党候选人马尼尼（260 959 票，得票率 10.7%）虽未进入第二轮投票，但已在第一轮计票结果公布后，对民族党候选人给予公开支持，并呼吁本党的选民在第二轮选举中投票给路易斯·拉卡列·波乌（Luis Lacalle Pou）。

本轮大选除确定了进入第二轮投票的两位候选人外，还对乌议会参众两院的议员席位进行了选举。从得票结果看，包括乌拉圭第一大政党"广泛阵线"在内，没有任何党派能在参议院或众议院取得绝对多数席位，这也意味着无论谁当选下届乌拉圭总统，其 2020—2025 年任期间重大法律和改革措施的出台将有赖于与其他政党间的协商和谈判。①

2019 年当地时间 11 月 28 日，根据乌拉圭选举法院对乌拉圭总统大选第二轮投票的计票结果，中右翼民族党（Partido Nacional，又称"白党"）候选人拉卡列·波乌已经取得足够多的票数，确认

---

① 中国商务部网站：http://www.mofcom.gov.cn/article/i/jyjl/l/201910/20191002908242.shtml，更新于 2019 年 10 月 29 日。

当选下一任乌拉圭总统，于 2020 年 3 月 1 日就任。此次拉卡列·波乌赢得选举，也意味着执政联盟广泛阵线在最近 15 年的总统选举中第一次败选。

路易斯·拉卡列·波乌是前总统路易斯·阿尔维托·拉卡列之子，其上台执政后仍面临诸多挑战，如缓慢发展的经济、偏高的失业率以及性侵、贩毒等治安问题等。

第十一章 当代乌拉圭的经济

当代乌拉圭的经济概况

乌拉圭在拉丁美洲及加勒比地区国家中处于中等发展水平,经济规模较小,根据乌拉圭21世纪投资贸易委员会的数据,2019年乌拉圭国内生产总值约为560亿美元,同比增长0.2%,人均国内生产总值约16 000美元。① 乌拉圭是传统的农牧业国家,产业结构单一,依赖出口,工业不发达,以农牧产品加工业为主,农牧业较发达,主要生产并出口肉类、羊毛、水产品、皮革和稻米等。服务业占国民经济比重较高,以金融、旅游、物流、交通业为主。

乌拉圭自20世纪90年代拉卡列政府以来,推行新自由主义经济政策,在推进传统产业的同时注重非传统产业的发展,并积极参与区域经济一体化。2008年国际金融危机爆发后,乌拉圭政府积极应对,保持了经济的稳定增长。巴斯克斯总统2015年再度执政后,政府致力于改善国内投资环境,稳定金融秩序,优化产业结构,并积极开展国际经贸合作业务,保持了经济总体平稳运行、低

---

① 乌拉圭21世纪投资贸易委员会:https://www.uruguayxxi.gub.uy/es/monitor-macro/,更新于2020年5月。

速增长的趋势。①

2003—2019年，总体而言，乌拉圭经济连续17年保持增长，因而有"南美瑞士"之称。其中，2003—2018年间年均增长为4.1%，虽然经济增长明显放缓，但是在2017年和2018年，面对阿根廷和巴西的经济衰退，乌拉圭仍摆脱了与这两个大国同步的消极趋势，保持了经济的正增长。这很大程度上得益于其审慎的宏观经济政策以及在其主要的农业及林业部门推行市场及产品多样化的策略，以上措施增强了乌拉圭抵御外部经济冲击的能力。

在出口方面，乌拉圭为减少对于拉美地区经济的依赖，采取了出口市场多样化的举措。2018年，根据世界银行数据，巴西和阿根廷这两个乌拉圭传统的贸易伙伴仅分别占其商品出口总额的12%和5%；而目前乌拉圭主要的贸易伙伴是中国和欧盟，分别占其出口总额的26%和18%。

进入21世纪的第二个十年，相对稳定的社会政策和开放的经济构成了乌拉圭成功降低贫困率和促进共同繁荣的重要原因。根据乌拉圭官方数据，乌拉圭中度贫困人口率从2006年的32.5%下降到2018年的8.1%，而极端贫困人口几乎消失：2006—2018年间从2.5%下降到0.1%。在社会公平方面，乌拉圭最贫困人口中

---

① 2020年3月，拉卡列政府执政后，总体延续上届政府的经济政策，主张提高政府运行效率，提升竞争力并改善就业，同时采取一系列财政、货币和金融举措缓解新型冠状病毒肺炎疫情对于经济的冲击。2020年上半年乌经济总体运行平稳，但受疫情影响，经济下行压力加大，出口下滑，货币贬值，财政赤字居高不下，失业率和通胀率攀升。

40%人口的收入增速快于全国人口的平均收入的增长速度，但是收入差距仍较大：在乌拉圭北部，低于国家贫困线的人口比例明显更高。青年和儿童贫困人口中，6岁以下儿童占17.2%，6—12岁儿童和13—17岁青少年分别占15.0%和13.9%。非裔人口占贫困人口比重为17.4%。

乌拉圭包容性的社会政策致力于扩大其计划的覆盖面，如：养老金体系覆盖了乌拉圭大约90%的65岁以上的人口，这一系数是拉丁美洲和加勒比地区最高的系数之一。

尽管乌拉圭经济取得了上述成就，但仍存在财政赤字较高、经济和出口结构单一、企业投资意愿下降等问题，经济增长的基础仍不十分稳固，且不能忽视其一系列的结构上的局限性，尤其是在基础设施建设方面的投资、融入全球价值链以及教育培训能力建设方面，这些可能会阻碍其实现可持续发展目标的进程。

当代乌拉圭的产业概况

在乌拉圭国民经济产业构成中，第三产业产值比重较高。以2018年的数据为例，乌拉圭第一产业产值占国民经济增加值的比重为7.0%，第二产业产值占比为27.5%，第三产业产值占比为65.7%。主要概况如下：

自然资源方面，乌拉圭拥有丰富的农、牧、林、渔、水利等资源，其境内已探明的矿藏资源主要有铁、锰等；盛产大理石、紫水晶、玛瑙、乳白石等。按照产业功能区来划分，乌拉圭西部地区土壤肥沃，物流便捷，主要为农垦产业区；中部地区畜牧养殖与加工工业发达；东部地区多为沙滩，景色优美，有利于发展旅游业、近海渔业以及水稻种植业。

农林牧渔业方面，农牧业在乌拉圭国民经济中占有重要地位，农牧产品大部分供出口，是外汇的主要来源。可耕地和牧场面积约占国土面积的90%，远高于拉美国家的平均水平，农牧业劳动力约占全国劳动力的14%。乌拉圭出产的农作物包括稻米、小麦、大麦、燕麦、大豆、玉米、高粱、葵花籽、蓝莓等，其中稻米为主要农作物，这也使得乌拉圭成为世界第八大稻米出口国。乌拉圭森林资源丰富，森林和林地面积约占全国面积的近1/3，2018年，林业木材出口占乌拉圭国家总出口值的18%，乌拉圭也是世界第三大纤维纸浆出口国。乌拉圭东南部濒临大西洋，得天独厚的地理条件使其拥有丰富的渔业资源，为其发展海洋捕捞创造了良好的条件，盛产黄鱼、鱿鱼和鳕鱼。

工业方面，以农牧产品加工业为主，包括肉类加工、榨油、酿酒、制糖，以及罐头、面粉、牛乳、干酪加工等，其次是纺织业，主要加工羊毛、生产棉纺和化纤产品。2018年乌拉圭全国共有工业企业1.66万家，工业部门劳动力12.85万人，占总劳动人口13.8%。2019年工业总产值65.51亿美元，约占国内生产总值的11.7%。[①] 在能源消耗方面，乌拉圭原油全部依赖进口。

[①] 中国领事服务网：http：//cs.mfa.gov.cn/zggmcg/ljmdd/nmz_657827/wlg_658511/gqjj_658519/t9593.shtml，更新于2020年4月。

旅游业方面，乌拉圭政府重视发展旅游业，旅游业发达，境外游客主要来自阿根廷、巴西、巴拉圭、智利等周边国家，埃斯特角和首都蒙得维的亚是主要旅游目的地。根据乌拉圭21世纪投资贸易委员会数据，2017年，旅游业在乌拉圭国内生产总值中的比重达到了8%。

新能源产业方面，2009年以后，乌拉圭在传统农牧业的基础上，积极发展新兴工业和风能等新能源产业。此后，以风能为主的新能源发电增长迅速，根据乌拉圭国家能源局的数据，2010年，政府在能源基础设施方面的投资达到了78亿美元；2016年，乌拉圭风电投资和GDP比率在世界排名第三位；2017年，乌拉圭发电总量中可再生能源发电的比例已经高达98.2%，其中水电为58.2%，风电为30.6%，生物质发电和光伏发电分别为7.3%和2.1%。

乌拉圭的风能十分具有代表性，在乌拉圭，风能正引领一场能源革命，令这个仅有不足400万人口的南美小国成为拉美地区清洁能源发展的标杆。[①]

目前，乌拉圭近94%的电力供应都来自清洁能源（包括风能、水能、太阳能、生物质能），其中风电发展尤为突出。根据乌拉圭风电协会的数据，乌拉圭风力发电量占其全部发电量的比例已达30%以上。

[①] 环球网：https://finance.huanqiu.com/article/9CaKrnJXlDX?qq-pf-to=pcqq.c2c，更新于2016年8月30日。

乌拉圭的风电发展始于 2005 年，在短短十年多时间里，就取得显著成效。分析其原因，除丰富的风能资源外，长远的发展规划和合理的政策制定也是重要因素。

乌拉圭是一个煤炭、石油等化石燃料短缺的国家。20 世纪 90 年代，乌拉圭曾大力发展水电，但由于电力需求快速增长，以及干旱等因素导致水电供应不稳，乌拉圭仍需大量进口化石燃料，甚至需要从阿根廷和巴西进口电力，因此用电成本很高。

为此，乌拉圭政府从 2005 年开始就如何改善能源结构开展研究，并通过了"2005—2030 年能源发展计划"。该计划制定了一系列新能源领域的投资刺激政策，大力推动私营和外国投资者参与本国可再生能源市场。值得一提的是，当时乌拉圭 4 个主要政党对改善能源结构的目标达成高度共识，承诺无论谁上台执政，都将积极推动这一能源发展计划。

据世界自然基金会顾问阿罗约介绍，乌拉圭能源发展政策的特点是，政府并不提供直接补贴，而是为投资者提供"透明且公开"的项目招标。由于投资环境稳定，乌拉圭风电市场吸引了大量风电企业，激烈的竞争和不断进步的技术降低了电价。

2009 年起，乌拉圭政府在可再生能源领域推出了税收优惠政策，以吸引外国投资者。乌拉圭政府还致力于拓展多样化融资渠道、创新融资工具，以更多引入私人资本、盘活市场。美洲开发银行公布的数据显示，乌拉圭每年在可再生能源领域的投资占其国内生产总值（GDP）的比重达 3%，其中大部分资金投向了风电领域。目前，乌拉圭电力供应不仅可满足本国需要，还可向其他国家出口。

美洲开发银行将乌拉圭清洁能源发展模式视为地区"标杆"，乌拉圭有望在将来成为世界上风力发电占比最高的国家。

交通运输业方面，乌拉圭以公路运输为主，大部分由政府控制，其交通运输业较发达，已形成以首都蒙得维的亚为中心的公路、铁路、水路及航空运输网。根据世界银行最新数据，2018年乌拉圭基础设施总体绩效指数为2.43，位居世界第94名，详情如下：①

公路方面，乌拉圭全国公路总长8 729千米，其中水泥路416千米，沥青路7 638千米，沙砾路675千米。2011年全国机动车保有量为160.45万辆，生产汽车1.39万辆。截至2018年1月底，全国机动车保有量为242.3万辆，其中有58万辆集中在首都蒙得维的亚，有近一半的机动车运行已达10年以上。

铁路方面，乌拉圭铁路总里程3 073千米，但其中仅有1 641千米目前仍在运营中，大部分线路设施陈旧，年久失修，需要维护更新，除11千米复轨铁路外，其余均为窄轨铁路。2018年全国铁路客运量24.7万人次，货运量51.9万吨。

水运方面，海运在乌拉圭货运中占有优势地位，乌拉圭对外贸

---

① 中国领事服务网：http://cs.mfa.gov.cn/zggmcg/ljmdd/nmz_657827/wlg_658511/gqjj_658519/t9593.shtml，更新于2020年4月。中国商务部网站：http://www.mofcom.gov.cn/，更新于2019年10月。

易运输主要通过海运。乌拉圭目前拥有7个大小不等的港口，分布在大西洋入口、拉普拉塔河及乌拉圭河河畔，其中蒙得维的亚港和新帕尔米拉港（Nueva Palmira）是两个主要港口。蒙得维的亚港是乌拉圭最大的港口，吃水深为11.60米，向船方保证水深为11米。此外还有科洛尼亚、派桑杜、埃斯特角、萨尔托等港口。乌拉圭一半以上的海运货物转口至巴西和巴拉圭。此外，内河航运为重要的运输手段，航线总长1 250千米。2018年蒙得维的亚港进港船只4 241条，货物吞吐量6 439.7万吨，全国港口货物吞吐量323.78万吨，客运量280.4万人次。

空运方面，由于经营不善，乌拉圭国内航空公司于2012—2016年间先后倒闭，目前乌拉圭国内没有本国的航空公司，尽管外国航空公司增加了班次，但仍未能弥补缺口。首都的卡拉斯科国际机场是国内最大机场，派桑杜、里韦拉、萨尔托、梅洛、阿蒂加斯、埃斯特角及杜拉斯诺等地均有机场。2018年全国航空客运量224万人次，货运量2.6万吨。

当代乌拉圭的对外经济贸易概况

对外贸易在乌拉圭国民经济中占有重要地位，历届政府均强调以外贸促进经济的发展，鼓励出口及市场多元化。作为南方共同市场成员国，乌拉圭与巴西、阿根廷、巴拉圭等其他南方共同市场成员国实行贸易优惠制度。主要贸易伙伴有中国、巴西、美国、阿根廷、德国和墨西哥。自 2012 年起，中国首次超过巴西成为乌拉圭第一大贸易伙伴，截至 2019 年一直保持了这一地位。

根据乌拉圭 21 世纪投资贸易委员会数据，截至 2019 年，乌拉圭进出口总额达 163.47 亿美元，其中，出口总额达 91.46 亿美元，同比增长 0.7%；进口总额达 72.01 亿美元，同比下降 7%。由于 2019 年主要市场间的贸易紧张局势以及世界经济相对放缓，与 2018 年的进出口总额 167.23 亿美元相比，乌拉圭进出口总额有所下降，对外贸易发展速度放缓。

从其对外贸易的商品结构来看，大豆和牛肉出口数量的增加推动了 2019 年乌拉圭出口总额的增加，这也成功弥补了由于活牛和林木业产品出口下降带来的不足；在进口方面，2019 年乌拉圭主要进口的产品为汽车、服装、塑料制品、手机、化学品等。

从其贸易伙伴来看，乌拉圭依旧保持多元化的经济贸易发展策略。2019 年中国再次成为乌拉圭第一大贸易伙伴，乌拉圭对华出口总额达 28.72 亿美元，占其出口总额的 31%，与 2018 年相比有明显增长；其次是欧盟，占其出口总额的 17%；再之后其主要的贸易伙伴及相应出口额占比分别为巴西（13%）、美国（7%）、阿根廷（4%）和墨西哥（3%）。

中国和乌拉圭经贸关系有着较为深厚的历史基础，两国自 1988 年建交起便签署贸易和经济技术合作协定。乌拉圭有着得天独厚的自然地理条件，农牧业产品竞争力强，能提供给中国市场所需要的农牧产品，而中国制造业部门齐全，产业链完备，质优价平的中国机电产品和日用消费品在乌拉圭广受欢迎,由此可见,中乌两国经济互补性较强。近年来,中乌双边贸易快速发展,中国对乌拉圭投资持续增加,合作领域不断扩大,中国是乌拉圭大豆、羊毛、纸浆的最大出口国,而乌拉圭是中国进口大豆的第五大来源国。中国主要出口产品是服装、手机、摩托车和空调等,主要进口产品是牛肉、羊毛、大豆、纸浆、皮革及实用杂碎、冻鱼等。此外,中国高度重视同乌拉圭的友好关系,多年来一直努力为乌拉圭经济社会发展提供援助,如:2017年中国向乌拉圭捐助一批防灾救援设备,获得乌拉圭政府和社会各界一致好评。中国"一带一路"倡议为中乌合作描绘了远景蓝图,中国国际进口博览会等机制创新为中乌双方深挖贸易投资合作潜力搭建了理想平台。

乌拉圭重视发展区域及多边贸易:1991年,乌拉圭作为南方共同市场创始成员国之一,同阿根廷、巴西、巴拉圭共同签署协议以逐步取消成员国之间的关税,并对进入南方共同市场的货物统一征收0%~20%的关税。目前,乌拉圭对非南方共同市场成员国的平均关税税率为12.5%,但对那些非互补性商品和某些特殊产品征收较高的关税,如奶制品、皮革制品、毛织品、部分塑料制品和汽车等,关税税率最高可达21.5%。南方共同市场整体签署自贸协定的国家或地区有:埃及、以色列、巴勒斯坦、安第斯共同体。已经与乌拉圭签署自贸协定的国家有墨西哥和智利,乌拉圭单独对外商签署的贸易协定对象国还包括以色列、秘鲁、玻利维亚等。此外,乌拉圭还同美国等国家签订了经济贸易协定。乌拉圭也是世界贸易组织成员，先后与德国、澳大利亚、加拿大、韩国、西班牙、印度等国签署了双边投资协定及征税协定。

乌拉圭地理位置优越，港口设施齐全，再加上乌拉圭政府鼓励外国投资，拥有保税区的优惠政策，以上优势条件吸引了众多外资企业利用乌拉圭作为外贸、投资、物流的平台。自2005年以来，乌拉圭政府为解决国内建设资金短缺和就业等问题，加大了招商引资力度，欢迎外国企业在交通运输、林业开采、乳制品加工、农牧业资源开发和加工出口等领域开展投资业务。同时，为进一步加快国有企业的私有化进程，鼓励外企在诸如铁路、炼油、港口、油气勘探和开发等原限制性开发领域与乌拉圭国有企业联合成立新的合资公司。按照规定，投资者进口的机器设备和原料以及产品出口均予以免税，如果所生产的产品本地化率达到50%以上，该产品即可获乌拉圭原产地证书，享受南方共同市场内产品自由流通和免税待遇。[1]

---

[1] 中国商务部网站：http://www.mofcom.gov.cn/，更新于2019年10月。

第十二章 当代乌拉圭的文化

当代乌拉圭文化的概况

乌拉圭的文化异彩纷呈，这得益于其复杂的移民文化以及特殊的地理环境。乌拉圭虽然国土面积不大，且人口相对较少，但却是一个多民族的移民国家，来自欧洲（如：西班牙、葡萄牙、意大利、德国、瑞士、俄罗斯、犹太人）的移民、非洲裔的后代以及当地印第安人的文化相互融合交汇，形成了乌拉圭独具特色的多元文化特点。各民族人民友好相处、文化和谐交融，相互取长补短，形成了多种多样的民俗文化，比如狂欢节和坎东贝舞蹈就是非洲文化对乌拉圭文化影响的典型代表。

乌拉圭是一个宗教信仰自由的国家，基督教信徒占总人口的49％，其中罗马天主教占41％，多数乌拉圭人会把他们的孩子送去教堂洗礼和在教堂举行婚礼，但平时并不常去教堂做礼拜。

饮食习惯方面，乌拉圭人的饮食通常以西餐为主，早餐多以面包、牛奶、麦片、鸡蛋为主；午餐一般吃三明治、牛奶、咖啡以及罐头食品；晚餐大多较为重视，一般多吃鱼、肉类及蔬菜，牛肉为乌拉圭人主要的肉食。乌拉圭街头烤肉店大小林立，可以尝到地道的乌拉圭烤肉，风味独特。乌拉圭人对中餐也极感兴趣，他们虽习惯使用西式餐具，以刀叉为主，但却对中国的筷子有一种新鲜感。[1] 乌拉圭人晚餐大都在晚上九十点以后开始，正式宴会多在午夜才结束。客人前往乌拉圭人家里拜访时，恰当的话题是家庭、体育运动、时事及天气，最好不要谈论政治。

马黛茶是乌拉圭的国饮，它由一种冬青类植物的叶子烘制而成，颜色浅绿，味苦，主要生长在巴西、阿根廷和巴拉圭等国。最早开始饮用马黛茶的是巴拉圭境内的印第安人，后来逐步扩散到整个拉普拉塔河流域，成为深受欢迎的大众饮料。拉普拉塔河流域饮用马黛茶就像中国人喝茶一样，已成为当地文化的一个重要组成部分。在乌拉圭，上至达官贵人，下到平民百姓均嗜于此道，将其视为国饮。他们手把小壶，用金属吸管饮茶，臂下夹着用于续水的便携式暖水壶，有时肩上跨着用于装茶叶、茶壶和暖水瓶的牛皮包，家人或朋友用一个壶共饮是乌拉圭的一种习俗，也是彼此相互信任的象征。[2]

乌拉圭政府十分关注文化事业的发展，设立专门机构，在预算上给予倾斜，资助许多大型艺术活动、修复文化古迹和兴建文化设施。乌拉圭文化主管部门在中央政府层面是教育文化部（Ministro de Educación y Cultura），下辖23个文化机构，包括国家文化传媒

---

[1] 张鹏：《拉丁美洲概况》，南开大学出版社2015年版。
[2] 中华人民共和国驻乌拉圭东岸共和国大使馆：http://uy.china-embassy.org/chn/wjkj/t1573716.htm，更新于2018年7月3日。

广播电视演出总署、国家图书馆、国家电视台、国家档案馆及7家博物馆、5家广播电台和3个研究所等。各省、市均设有文化局。乌拉圭政府重视文化事业的发展，教育文化部制定的2014—2024年国家文化发展规划明确规定：每位乌拉圭国民都享有文化权利，向公众提供文化服务是政府的职责，让优秀文化走向大众是政府文化事业的目标。政府积极推行低消费的大众文化事业，为此制定了一系列鼓励和扶持文化事业发展的政策和法规。如：对所有公共文化推广机构免征营业税，各级政府所属的图书馆、博物馆和公共演出场所对公众免费或低收费开放，赞助文化和教育事业的企业捐赠可抵税等切实可行的民生政策。乌拉圭主要文化场所归国家或地方政府所有，其宗旨是非盈利和公益。国家每年拨付一定的维持资金给这些机构，具体经营由政府任命的委员会负责，自负盈亏，政府文化部门负责监督和指导。主要文化机构有：国家文化传媒广播电视演出总署（SODRE）、国家视觉艺术博物馆（Museo Nacional de Artes Visuales）、乌拉圭作家总会（Asociación General de Autores del Uruguay）、乌拉圭电影资料馆（Cinemateca Uruguaya）、索利斯剧院（Teatro Solís）、国家文物委员会（Comisión Nacional de Arqueología）等。

乌拉圭的新闻出版业在其政治和经济生活中占有重要地位，1985年以来，乌拉圭一直实行新闻出版自由的政策。全国共有各类报刊374种，其中日报31种。主要报纸包括《国家报》（El País），1918年创刊，发行量10万份；此外还有《共和国报》（La

República)《观察家报》(El Observador) 等。2017年全国出版物发行量共4 798种。2011年全国共有电台100多家，电视台20家。

当代乌拉圭的文艺

乌拉圭文化艺术成就斐然，具体表现如下：

在文学方面，乌拉圭文学传统源远流长，拥有众多拉美甚至世界文学史上的著名人物，在诗歌、小说、散文、戏剧等方面均有诸多脍炙人口的佳作。尽管乌拉圭文学在诞生之初深受欧洲文学的影响，但随着时代的发展，渐渐形成了独具特色的乌拉圭文学，下文介绍一些非常有代表性的经典作家。

1. 诗歌方面：

德尔米拉·阿古斯蒂妮（Delmira Agustini, 1866—1914），乌拉圭杰出女诗人之一。主要作品有《空空的高脚杯》（*Los Cálices Vacíos*）和《诗歌全集》（*Poesías Completas*）等。她与同时代的乌拉圭女诗人创作的脍炙人口的抒情诗为乌拉圭赢得了"拉丁美洲妇女诗歌的故乡"的美誉。

胡安·索里亚·德圣马丁（Juan Zorrilla de San Martín, 1855—1931）是乌拉圭浪漫主义文学最重要的代表人物之一。1888年他发表叙事诗《塔瓦雷》（*Tabaré*），通过描写一位西班牙妇女同印第安酋长所生儿子的传奇故事，表现了印第安人反抗殖民者的英勇斗争，哀悼了印第安人消亡的命运。这首叙事长诗是美洲浪漫主义诗歌的最高代表,因此他被誉为"乌拉圭民族诗人"。

胡安娜·德伊瓦武鲁(Juana de Ibarbourou,1895—1979)是乌拉圭及拉美著名的女诗人。也是拉美后现代主义诗歌的重要代表人物。1918年她出版了第一部格调热情奔放、清新明快的诗集《钻石之舌》(*Las Lenguas de Diamante*),其他作品包括《清新的瓦罐》(*Cántaro Fresco*)、《野性的根》(*Raíz Salvaje*)、《迷失的女人》(*Perdida*)、《金子和风暴》(*Oro y Tormenta*)和《风中的玫瑰》(*La Rosa de los Vientos*)等。1959年获乌拉圭国家文学奖。

伊达·维塔莱(Ida Vitale,1923—),是一位出生于蒙得维的亚的女性诗人,是乌拉圭作家团体运动"45年一代"的重要成员之一,也是如今该运动团体唯一在世的成员。她的抒情诗擅长用华丽及个性的方式表达悲伤的感情起伏。她是西班牙语美洲诗歌中举足轻重的代表人物,2018年获得西班牙语文学最高奖塞万提斯文学奖,2019年4月,她亲自前往西班牙阿尔卡拉大学,参加了西班牙国王菲利佩六世主持的授奖仪式。代表诗作有:《记忆的光辉》(*La Luz de Esta Memoria*)、《各自在自己的夜晚》(*Cada Uno En Su Noche*)、《无限缩小》(*Reducción del Infinito*)等。除了诗歌创作外,她还是新闻撰稿人和文学评论家、翻译家。

2. 小说与散文方面:

何塞·恩里克·罗多(José Enrique Rodó,1871—1917)是乌拉圭及拉美现代文学最杰出的代表人物之一。其代表作是1900年出版的《爱丽儿》(Ariel)。在书中，罗多强调美国仅靠技术进步取得财富和权力是不够的，应在社会中确立人文主义价值观，指出拉美应建立自己的"精神统治"。他首创的坚持拉美精神、反对美国的物欲主义思想对20世纪拉美青年产生了极大影响。《爱丽儿》一书因此被誉为"拉美知识分子的圣经"。1913年他的《繁荣的瞭望台》(El Mirador de Próspero)被尼加拉瓜诗人鲁文·达里奥称为"拉美的艾默生"。除写作外，罗多还从事教学和政治活动。1898年曾担任共和国大学文学教授，1900年任国家图书馆馆长，1902—1905年、1908—1910年、1910—1912年还当选红党蒙得维的亚市众议员。

霍拉西澳·基罗加(Horacio Quiroga，1878—1937)，他长期侨居阿根廷，因而大多数作品在阿根廷完成，被誉为"拉丁美洲短篇小说大师"，代表作有《爱情、疯狂和死亡的故事》(Cuento de Amor, de Locura y de Muerte)、《阿纳贡达》(Anaconda)等。

胡安·卡洛斯·奥内蒂(Juan Carlos Onetti，1909—1994)，是乌拉圭和拉丁美洲现代文学的创始人和爆炸文学的先驱者之一，是"45年一代"的中坚人物，是将魔幻与现实融会贯通的大师。1939年发表第一部小说《井》(El Pozo)，被称为伊比利亚美洲第一本真正的现代小说。1963年获得国家文学奖。1972年因小说《造船厂》(El Astillero)获得意大利拉丁美洲研究文学奖。1979年他的小说《听清风倾诉》(Dejamos hablar al viento)获得西班牙文学评论奖。1980年因其对拉丁美洲现代小说的杰出贡献而获得西班牙语文学最高奖塞万提斯文学奖。杰出作品有《无主的土地》(Tierra de Nadie) 以及被称为圣玛利亚·萨加斯的三卷本章回小说《短暂的生命》(La Vida Breve)、《别了》(Los Adioses) 和《一座无名的坟墓》(Para Una Tumba Sin Nombre)。由于其作品多以布宜诺斯艾利斯和蒙得维的亚为背景，奥内蒂素有"城市作家"之称。

马里奥·贝内德蒂（Mario Benedetti，1920—2009），1949年出版第一部故事集《今天早晨》(Esta Mañana)，1953年出版第一部小说《我们之中的谁》(Quién de Nosotros)。1960年出版的《休战》(La Tregua) 使他获得了国际性声誉，该作品被译成了19种文字，再版75次，被改编为电影、电视剧。他还是一位杰出的诗人、散文家和文学评论家。

爱德华多·加莱亚诺（Eduardo Galeano，1940—2015），当代拉美最著名的作家之一，创作类型丰富，代表作有：《拉丁美洲被切开的血管》(Las Venas Abiertas de América Latina)、《火的记忆》(Memoria del Fuego)、《足球往事：那些阳光与阴影下的美丽和忧伤》(El Fútbol a Sol y Sombra) 等。他的作品多以拉丁美洲社会反思和历史批判为主，针砭时弊，被翻译成多种语言。

进入21世纪，乌拉圭文学的特点是风格、流派异彩纷呈，作品表现性强，同其他艺术形式的相互联系明显增强。诸多新颖诗词会议的出现、书展的纷纷涌现以及信息和通信技术的发展，为从事创作的人提供了展现自己的平台。

乌拉圭出版业历史悠久、成熟完备、从业人员经验丰富，注重版权和知识产权保护，出版物质量高，这成为将许多乌拉圭优秀的作者推向拉美和国际的重要动力。此外，乌拉圭的出版集团还将众多国际名著引入乌拉圭，从而掀起了国内的读书热潮，乌拉圭因此也被称为拉美地区读书人数最多的国家之一，同时也是人均图书产量最高的国家之一。

在乌拉圭当代文学中，诸多乌拉圭作家凭借其国际知名作品和国际大奖从众人中脱颖而出，比如：

托马斯·德马托斯（Tomás de Mattos，1947—2016），作家、专栏撰稿人、教师、律师。他在撰写小说和故事方面尤为见长，代表作品《巴尔纳伯，巴尔纳伯!》（*¡Bernabé, Bernabé!*）是一部历史小说，主人公是巴尔纳伯·里维拉（Bernabé Rivera）上校，他是时任乌拉圭总统弗鲁克图奥索·里维拉（Fructuoso Rivera）的侄子，该作品叙述了萨尔西普埃德斯大屠杀事件（La Matanza de Salsipuedes），该事件是由巴尔纳伯·里维拉上校针对大批乌拉圭土著居民——查鲁亚人发动的。他因该作品获得了巴托洛梅·伊达尔戈文学奖、乌拉圭教育文化部颁布的国家文学奖项等。其他代表作品还有《悲悯之门》（*La Puerta de la Misericordia*）等。

拉斐尔·科托伊西（Rafael Courtoisie），1954年出生，在乌拉圭国内任教，同时也是美国、英国等多国大学的客座教授，他撰写了多部故事集以及诗集。小说《犬之生》（*Vida de Perro*）获得乌拉圭教育文化部国家文学奖，并获得拉美最负盛名的文学奖项之

——罗幕洛·加列戈斯国际文学奖的提名。其他代表作还有《神圣之法》(*Santo Remdio*)、《精致的尸体》(*Cadáveres Exquisitos*)等。

梅赛德斯·罗森德 (Mercedes Rosende),是一位 1958 年出生于蒙得维的亚的女性作家,她的作品以黑色幽默为特征,并试图打破性别成规,她的小说并非记录社会历史,而是反映社会的分裂,展现了对女性的暴力行为和腐败现象的思考。代表作品有《犯错之女》(*Mujer Equivocada*)、《真正的生命》(*La Verdadera Vida*)等。

克劳迪娅·阿门加尔 (Claudia Amengual),1969 年出生,作家、专栏撰稿人、教师、译者。2007 年,联合国教科文组织将哥伦比亚首都波哥大命名为当年的"世界图书之都",在该项目中,克劳迪娅被评选为拉丁美洲杰出的作家之一。她撰写小说、故事等,涉及的主题有:社会虚伪、对变革的恐惧、暴力等。代表作品有:《旅行与写作:九个灵感之地》(*Viajar y escribir: nueve destinos que inspiran*)、《难抵之地》(*El Lugar inalcanzable*)、《卡塔赫纳》(*Cartagena*)等。

其他知名的当代作家还有巴勃罗·卡萨库贝尔塔(Pablo Casacuberta)、达米安·冈萨雷斯·贝尔托利诺(Damián González Bertolino)、瓦伦丁·特鲁希略(Valentín Trujillo)、丹尼尔·梅拉(Daniel Mella)、西尔塞·马亚(Circe Maia)等。

除文学之外，乌拉圭其他艺术形式也很丰富。其中，视觉艺术方面，乌拉圭呈现传统与现代交相辉映的局面。

就传统绘画而言，乌拉圭拥有众多大师，如：**胡安·马努埃尔·勃拉奈斯**（Juan Manuel Blanes，1830—1901）是乌拉圭第一位受到广泛关注的现实主义画家，他对乌拉圭民族绘画艺术的发展产生了重要影响，被视为乌拉圭绘画艺术的开山鼻祖；**佩德罗·费加里**（Pedro Figari，1861—1938），是乌拉圭第一个获得国际声誉的后抽象派画家，他的作品主要表现了殖民地时期蒙得维的亚及农村地区的日常生活，特别是黑人和高乔人的生活；**金·托雷斯·加西亚**（Joaquín Torres García，1874—1949），乌拉圭抽象派绘画艺术的代表之一，他不仅对乌拉圭绘画艺术产生了重要影响，而且对建筑和雕塑艺术也产生了重要影响，他的作品被广泛收藏，在北美和欧洲的博物馆中都能找到；**卡洛斯·派斯·比拉罗**（Carlos Páez Vilaró，1923—2014），著名画家、雕塑家、壁画家、陶艺家。其最著名的作品为"人民之家"（Casapueblo），被誉为"可居住的雕塑"。"人民之家"是一个白色尖顶建筑群，始建于1958年，如今已由最初的住所改造为集住宅、工作室、博物馆、旅馆和餐厅为一体的综合建筑群，"人民之家"现已成为乌拉圭最著名的旅游景点之一。

在漫画领域，乌拉圭也有众多杰出人物和优秀作品，如：爱德华多·巴雷特（Eduardo Barret），是绘画DC漫画中蝙蝠侠和罗宾的插画家，其他杰出人物还有：赫梅内吉尔多·萨巴特

(Hermenegildo Sabat)和霍格（Hogue）；在近些年的漫画作品中，马蒂亚斯·贝尔加拉（Matías Bergara）、理查德·奥尔蒂斯（Richard Ortiz）、丹尼尔·冈萨雷斯（Daniel González）和作家鲁道夫·桑图洛（Rodolfo Santullo）都享有盛誉；2018 年，乌拉圭插画家弗兰·库尼亚（Fran Cunha）和达尼·沙尔夫（Dani Scharf）入围了由著名的博洛尼亚儿童书展（La Bologna Children's Book Fair）和 SM 基金会举办的国际插画奖的官方评选，成为第一位参选这一著名大奖的乌拉圭插画家。

电影方面，乌拉圭是拉美最早拍摄电影的国家之一。第一部电影诞生于 1898 年，是一部记录片；第一部故事片为 1923 年拍摄的《岸上的灵魂》（*Almas de la costa*）；20 世纪 90 年代末以来，乌拉圭电影经历了一个变革的过程，此后开始在国际上受到关注；进入 21 世纪以来，乌拉圭电影蓬勃发展起来，2001 年电影《25 瓦》（*25 Watts*）斩获十个奖项，其中包括获得"鹿特丹国际电影节"最佳影片奖；2003 年电影《威士忌》（*Whisky*）在戛纳电影节上获得单项奖；2005 年，乌拉圭音乐家 Jorge Drexier 凭借歌曲《去河彼岸》（*Al otro lado del río*）获得奥斯卡金像奖最佳原创歌曲奖，这是乌拉圭获得的第一座奥斯卡金像奖，也是第一首非英语歌曲斩获此奖项。乌拉圭政府鼓励电影事业的发展，把每年 11 月 4 日定为国家电影日，国家电影和视听管理局（ICAU）都要举行相关活动。东角市每年 2 月均举办电影节。

此外，在音乐和舞蹈方面，乌拉圭的民间音乐和流行音乐与阿根廷拥有同样的本源即高乔文化的根基。乌拉圭人喜欢探戈、民谣、华尔兹，也欣赏当地的坎东贝、米隆加和街头乐队，摇滚、爵士和流行歌曲也受到乌民众的喜爱。探戈和坎东贝已被联合国教科文组织认定为"人类非物质文化遗产"。乌拉圭每年的狂欢节融合了周边国家的艺术特点，形成自己的特色。

当代乌拉圭的体育

体育是乌拉圭文化的重要组成部分，乌拉圭有着悠久的体育历史，在世界范围内广为人知。乌拉圭是一个只有约 350 万人口的小国，却赢得了许多大陆和世界冠军，体育方面成就斐然，迄今为止，没有一个国家或只有少数几个国家能够与之匹敌。乌拉圭人民热爱体育运动。其中，足球是人们最喜欢的运动；排在第二位的是篮球运动；第三位的是自行车运动；第四位的是拳击运动。此外，橄榄球运动和排球运动也深受人们喜爱。

乌拉圭历史上的第一场足球比赛是在 1878 年，蒙得维的亚板球俱乐部（Montevideo Cricket Club）和一艘英国船上的船员之间进行的。1881 年，蒙得维的亚板球俱乐部和蒙得维的亚赛艇队之间进行了第一次俱乐部之间的比赛。

在足球方面，乌拉圭历史上曾两度获得世界杯冠军，分别是 1930 年和 1950 年世界杯；其中的 1930 年世界杯是国际足联世界杯足球赛举办的首届赛事,这是世界杯首次在乌拉圭境内举行,也是世界杯首次在南美国家举行。本届赛事共有来自三大洲13支球队参赛,乌拉圭作为东道主更是在决赛中以4∶2击败阿根廷队,成为首届世界杯冠军。1950年,乌拉圭在循环赛末轮中以2∶1击败巴西队,因积分最高夺得世界杯冠军,时隔20年,乌拉圭再次问鼎世界杯。在世界杯足球赛举办以前,乌拉圭就曾分别于1924年的巴黎奥运会和1928年的阿姆斯特丹奥运会上连续两次捧得奥运会足球赛冠军奖杯。此外,乌拉圭足球队还是夺得美洲杯冠军最多的球队,次数达15次(2011年乌拉圭第15次捧得美洲杯),超过了阿根廷(14次)和巴西(7次),是名副其实的美洲杯之王。历史上的乌拉圭队从来都是一支最能踢出竞争感的球队,无论球队内的球员水平如何,乌拉圭队总能踢出自己的水平或者有高过自己水平的发挥,这也是乌拉圭队的核心竞争力,如今的这支乌拉圭队依旧秉承着这股拼搏精神。[1]2018年的俄罗斯世界杯上,乌拉圭队虽然止步于八强,但依然表现突出。乌拉圭的"沉默之星"们——卡瓦尼、苏亚雷斯和戈丁,再次用行动证明了他们在比赛中精彩绝伦的表现。[2]

乌拉圭足球甲级联赛,简称"乌甲"。是乌拉圭最高水平的足

---

[1] 体坛周报:https://baijiahao.baidu.com/s? id = 1636373029057008341&wfr = spider& for = pc,更新于 2019 年 6 月 15 日。
[2] 中国贸促会驻墨西哥代表处网站:http://www.ccpit.org/Contents/Channel _ 3945/ 2018/0809/1044919/content _ 1044919.htm,更新于 2018 年 8 月 9 日。

球联赛。乌拉圭足球甲级联赛成立于 1900 年，现在有 16 支球队，其中佩纳罗尔和民族队是乌拉圭联赛的旗帜，不仅长期垄断乌甲联赛，而且在 20 世纪 60 年代至 90 年代是南美足坛的霸主。两队共在南美解放者杯上 8 次夺冠，并且 6 次夺得洲际杯（丰田杯），是南美足坛最成功的足球俱乐部。佩纳罗尔还和皇家马德里共同当选 20 世纪最佳俱乐部。

篮球在乌拉圭是仅次于足球的项目。乌拉圭篮球队是南美洲高级锦标赛中获奖最多的球队，仅次于巴西和阿根廷，并且分别在 1952 年赫尔辛基奥运会和 1956 年墨尔本奥运会上获得了两枚铜牌，并在 2007 年的泛美运动会上获得了铜牌。1914 年，乌拉圭第一个篮球俱乐部建立，从此，篮球这项运动在乌拉圭蓬勃开展起来。乌拉圭有许多开展包括篮球在内的综合运动俱乐部或专门从事篮球运动的俱乐部。乌拉圭篮球联赛（LUB）于 2003 年开展，从而实现了将全国的俱乐部汇集起来进行比赛，自从乌拉圭联赛创建，这项运动就变得越来越流行。

其他运动方面，拳击运动在乌拉圭也是一项受欢迎的运动，乌拉圭拳击手华盛顿·库尔日托·罗德里格斯（Washington Cuerito Rodríguez）曾于 1964 年东京奥运会上获得铜牌，拳击领域的代表人物有：阿尔弗雷多·埃万格里斯塔（Alfredo Evangelista）、多戈玛·马丁内斯（Dogomar Martínez）、何塞·玛丽亚·弗洛雷斯（JoséMaría FloresBurlón），还有克里斯蒂安·纳姆斯（Christian Namus），他是乌拉圭的第一位世界冠军。此外，自行车运动也深受人们青睐,并受到民众的大力支持,就连乌拉圭前总统何塞·穆希卡在13—17岁时也曾是自行车运动员。乌拉圭在自行车运动方面的代表人物及成就有:鲁本·埃切巴恩(Ruben Etchebarne)、胡安·何塞·蒂蒙(Juan José Timón)、维德·塞恩西奇(Vid Cencic)和勒内·佩扎蒂(René Pezzati)在1962年公路自行车世界锦标赛的团体计时赛中获得第三名;米尔顿·威南斯(Milton Wynants)在2000年悉尼奥运会上获得银牌。蒂蒙(Timón),埃克托·劳尔·朗丹(Héctor Raúl Rondán),马里亚诺·德菲诺(Mariano de Fino)和法拉利奥·法拉利(Fabricio Ferrari)是仅有的参加过欧洲职业队比赛的乌拉圭人。

第十三章 当代乌拉圭的科技及医疗卫生

当代乌拉圭的科技

乌拉圭重视通过科学技术进步促进社会可持续发展，尤其对信息产业的发展十分重视。2000年巴特利执政后，积极推动成立高新技术产业区，提出发展乌拉圭"硅谷"项目，目前已经有来自美国、加拿大等多家信息企业到乌拉圭投资，并将乌拉圭作为南美地区的信息产业基地。

乌拉圭可以称得上是拉丁美洲地区的科技中枢，其在拉丁美洲信息通信技术发展指数排名中居于领先位置。在第二届"乌拉圭能源与基础设施峰会"上，乌拉圭公布了总额超过1 200万美元的基础设施投资计划。该峰会介绍了一些基础设施投资项目，包括学校、医院和公路等。①

2018年世界经济论坛发布的世界竞争力排行榜显示，乌拉圭在拉美地区排名仅次于智利，而其信息技术应用水平则居拉美之首，居全球第12位。乌拉圭互联网网络质量处于领先水平，是拉

---

① 李前：《乌拉圭：最关键的投资领域》，《进出口经理人》2018年第7期。

丁美洲和加勒比地区所有国家中网速最快的国家。此外，乌拉圭还是 D9（全世界数字化政府发展水平最高的国家集团，其他成员国包括加拿大、韩国、爱沙尼亚、以色列、新西兰、英国等）成员国。乌拉圭被誉为"拉丁美洲最佳数据中心"，海底光纤连接乌拉圭、巴西和美国。凭借着现代化的基础设施建设，乌拉圭目前超过 90% 的家庭都接入了光纤，其接入光纤的家庭比例位于全球第 10 位，所有教育机构和场所都接入了网络。

乌拉圭是重要的软件出口国，在拉丁美洲的人均软件出口量和计算机服务收入中排名第一。2007 年，乌拉圭软件出口额达 1.88 亿美元（占 2008 年 GDP 的 0.58%）；2011 年，乌拉圭软件出口额达 2.5 亿美元。另外，在信息技术领域的失业率为 0。

乌拉圭在全国普及数字化，为此，推出了以下计划：

第一，"塞拜尔计划"（Plan Ceibal）：该计划于 2007 年开始正式实施，该计划的内容是：为每个学龄儿童和每位公立学校的老师提供一台笔记本电脑，并对他们进行培训以学会使用上述工具，并推动相应的教育方案的制定。该计划于 2007 年提出时在世界范围内属于首创，通过该计划，乌拉圭各个国家教育中心的儿童可以在教室内外使用带有无线连接的笔记本电脑，从而实现了在乌拉圭全境都能与学校联网的可能性。从 2014 年起，乌拉圭政府允许非"塞拜尔计划"的笔记本电脑通过 Java 文件中的应用程序接入网络；从 2015 年开始，用户可通过路由器中安装的应用程序接入网络。该计划时至今日仍在继续实施，尤其面对突发性停课状况，为学生线上学习、教师在线授课提供了重要的支持。

第二,"布蒂亚计划"(Proyecto Butiá),该计划于 2009 年开始正式实施,旨在创建一个简单的平台,向学生提供必要的免费软件工具,以使他们能够对机器人的行为进行编程。其主要内容是:在学校里推行机器人学习,将机器人视为一种教育工具,希望学生能够站在开发者的角度主动创建和编程机器人,而不仅仅是成为被动的用户。根据 2018 年的统计,乌拉圭 40% 的小学加入该计划,84% 的中学拥有机器人项目,机器人、编程和视频"奥运会"已经举办至第四届。

第三,"伊比拉皮塔计划"(Plan Ibirapitá),该计划于 2015 年颁布实施,其主要内容是免费为低收入退休老人提供平板电脑和网络连接,旨在鼓励来自全国各地的退休人员参与。为此,该计划免费为平板电脑提供专门的设计界面,以使其直观、友好,并举办培训研讨会,为老年人良好的用户体验提供必要的支持。由于上述的"塞拜尔计划"已经成功实施,这为该计划的开展提供了许多经验借鉴,也有利于使乌拉圭信息网络技术的发展成果惠及更多的民众。2019 年,该计划通过社会调查发现,越来越多的退休老人倾向于使用智能手机而非平板电脑,于是开发了相应的手机应用程序,使手机用户中的退休老人也可以受惠于该计划。

在科学研究方面,乌拉圭于 1986 年在共和国大学(la Universidad de la República)、教育和文化部以及联合国开发计划署共同达成协议的基础上，推出了"基础科学发展计划"（PEDECIBA），以培养科学家，并开设基础科学领域的硕士和博士学位，包括计算机科学、物理学、数学、化学等学科。乌拉圭近年来在科学领域的一个里程碑是建立了依托于法国巴斯德研究所的蒙得维的亚巴斯德研究所。乌拉圭杰出的科学家有：工程师埃拉迪奥·迪斯特（Eladio Dieste），因创造了由砖和陶瓷构成的瓷砖结构以及一种低成本的可快速、广泛铺装屋顶的系统而闻名建筑界；科学家克莱门特·斯特布尔（Clemente Stable），他在生物学和神经生物学领域贡献显著；还有数学家、工程师何塞·路易斯·马塞拉（José Luis Massera）等。

当代乌拉圭的医疗卫生

乌拉圭的健康水平位居拉美前列，人口预期寿命在拉美也居前列，根据世界卫生组织的数据，2019年乌拉圭的人口预期寿命为77岁，居拉美及加勒比地区国家前列，且从1990年起，乌拉圭便是拉美婴儿死亡率最低的拉美国家之一。

在预防传染病方面，乌拉圭取得了巨大的成就。早在1958年，乌拉圭就根除了黄热病，此外，还消灭了疟疾、瘟疫和血吸虫病。它还是该地区唯一消灭霍乱的国家。1997年，乌拉圭还是西半球国家中第一个根除了南美锥虫病的国家。近些年来，高血压、心脏病等心血管疾病一直是导致乌拉圭人死亡的第一原因。恶性肿瘤导致的死亡占死亡原因的第二位。①

2016年4月,在乌拉圭发现了第一例寨卡病毒感染者,此人是在巴西里约热内卢感染。该患者得到隔离后,并未再出现过其他病例。截至目前,在乌拉圭尚未发现埃博拉病毒感染者。

2020年3月28日,乌拉圭总统府宣布,该国报告首例新冠肺炎死亡病例,死者为71岁的前国防部长鲁道夫·冈萨雷斯·里索托。② 2020年4月,总统拉卡列·波乌宣布已经任命该国权威的医疗、科技、经济等领域专家组建高级别疫情应对小组,专责协助政府制定疫情防范策略以及研究在疫情下如何实现国民经济的发展和民生保障。拉卡列·波乌还表示,乌拉圭政府将根据疫情影响程度的不同,先从传播风险小和容易保证社交距离的社会和生产活动开始,以渐进方式逐步恢复国家经济和社会活动。③

乌拉圭医疗水平较高,其医疗模式在国际上也处于先进水平,政府执行"增强体质、预防疾病"的方针,逐步建立起医疗保险及互助医疗等多种形式相结合、公立医院同私立医院共同发展的多元化医疗保健体系。乌拉圭医疗体系包括公共部门和私人部门,公共卫生部(Ministerio de Salud Pública)作为推动全国健康水平的政府机构,主要负责为全国的公共和私人医疗部门制定

---

① 贺双荣:《列国志 乌拉圭》,社会科学文献出版社2005年版。
② 新华网:http://www.xinhuanet.com/2020-03-29/c_1125783648.htm,更新于2020年3月29日。
③ 央视新闻网:http://m.news.cctv.com/2020/04/19/ARTImGfRr8DM2soIxeUHh0-Sd200419.shtml,更新于2020年4月。

健康标准、进行评估和监督以及实施疾病预防计划。此外，公共卫生部拥有诸多下属机构，其中包括国家卫生服务管理局（Administración de los Servicios de Salud del Estado, ASSEA），该机构创立于 1987 年，2007 年通过法案对其进行了改革，其主要职责为：组织和管理病患的预防和治疗服务；和国家其他医疗卫生服务组织协调配合以最大限度提高服务水平；构成国家综合卫生系统的一部分（El Sistema Nacional Integrado de Salud, SNIS）；覆盖在其创建之前的服务；推动民众改变有害健康的行为、态度和生活方式。

乌拉圭医生的平均密度很高，根据乌拉圭医学联盟的数据，截至 2010 年 6 月，乌拉圭医生的平均密度为每千名居民 4.46 名医生。乌拉圭人均医生数量居拉美前列。

乌拉圭较高的居民健康水平与它拥有的较为完善的公共医疗制度密切相关。所有与健康和公共卫生有关的问题都有国家立法。共和国《宪法》规定，国家向人民提供预防医疗服务和向贫困人口提供免费医疗服务。公共医疗机构的目标是推动全社会的健康水平。在预防医疗和向中下层民众提供医疗服务方面，公共医疗机构发挥着主导作用。政府用于医疗保健方面的支出与发达国家接近。此外，乌拉圭还设有社会福利基金，为怀孕工人或工人的配偶提供孕期检查、分娩以及为 6 岁以下幼儿提供医疗保健服务。国家保险基金在蒙得维的亚有一所医院，它可同内地的第三方签署服务合同。

它保障的范围包括职业病和为工伤工人提供服务。①

1995年,公共卫生部成立了健康促进局。为防止吸毒问题进一步加剧,乌拉圭政府于1988年成立了由总统办公室直接领导,公共卫生部、教育和文化部及内地各省代表组成的全国控制毒品走私和麻醉品滥用委员会(La Junta Nacional de Drogas, JND),该委员会不仅为吸食毒品者提供治疗方面的信息、调查和评价服务,还推动在教育、家庭及社区中药品使用不当等问题的防治工作,加大在劳动力市场进行毒品危害知识的宣传力度,此外,还为解决毒品问题的国际合作提供技术及操作支持。

乌拉圭是拉美地区较早推动并实施食物安全保护立法化和机制化的国家之一,乌拉圭政府十分重视食品安全。1994年对负责食品安全和技术的机构进行了调整和重组,成立了由卫生部、市政公共部门、行业协会和食品贸易及消费者组织共同组成的全国食品顾问委员会。进入21世纪以来不断通过立法保障公民食品安全的权利。

---

① 贺双荣:《列国志 乌拉圭》,社会科学文献出版社2005年版。

参考文献

一、图书：
1. Benjamín Nahum. *Las presidencias de Batlle y Wiliman*, 1903 – 1915.
2. Eduardo Acevedo. *Manual de Historia Uruguaya*. Imprenta "El Siglo Ilustrado", 1916.
3. Eugenio Petit Muñoz, "El mundo indígena", *Enciclopedia uruguaya*, No. 1, 1968.
4. José Rilla, "Uruguay 1985 – 2007: Restauración, reforma, crisis y cambio electoral", 2008, *Nuestra América*, No 6, 2008, págs, 63 – 95.
5. 蔡东杰：《穆希卡，全世界最贫穷也最受人敬爱的总统》，台湾暖暖书屋文化事业股份有限公司2015年版。
6. Julio Millot. *Historia Económica del Uruguay*. *Fundación de Cultura Universitaria*. Primera edición. Enero 1996.
7. 弗朗西斯科·R. 平托斯：《巴特列与乌拉圭的历史发展过程》，辽宁人民出版社，辽宁大学外语系翻译组译，1973年版。
8. 贺双荣：《列国志　乌拉圭》，社会科学文献出版社2005年版。
9. 莱斯利·贝瑟尔中国社会科学院拉丁美洲研究所译：《剑桥拉丁美洲史》，社会科学文献出版社1992年版。
10. 李春辉：《剑桥拉丁美洲史》，商务印书馆1983年版。
11. 李明德：《拉丁美洲和加勒比发展报告（2000—2001）》，社会科学文献出版社2001年版。

12. 吴白乙：《拉丁美洲和加勒比发展报告（2015—2016）》，社会科学文献出版社 2016 年版。
13. W. Reyes Abadie, "Conquistadores y colonizadores", *Enciclopedia uruguaya*, No. 4, 1968.
14. 袁东振：《拉丁美洲和加勒比发展报告（2016—2017）》，社会科学文献出版社 2017 年版。
15. 袁东振：《拉丁美洲和加勒比发展报告（2017—2018）》，社会科学文献出版社 2018 年版。
16. 袁东振：《拉丁美洲和加勒比发展报告（2018—2019）》，社会科学文献出版社 2019 年版。
17. 张鹏：《拉丁美洲概况》，南开大学出版社 2015 年版。

二、期刊

1. 柯玉升：《穆希卡眼中的"穷人"》，《思维与智慧》2016 年第 22 期。
2. 李前：《乌拉圭：最关键的投资领域》，《进出口经理人》2018 年第 7 期。
3. 刘昌黎：《美国缔结 FTA 的现状》，《凤凰文化》，2010 年 10 月 17 日。
4. 刘莉莉：《世界最穷总统：我感觉不到贫穷》，《领导文萃》2015 年第 14 期。
5. 刘瑞常：《刺唇纹身的瓜拉尼人》，《世界知识》，1983 年第 15 期。
6. 塞萨尔·费雷尔：《乌拉圭的对外关系》，《拉丁美洲研究》2006 年 2 期。
7. 王晓德：《关于拉美历史上"考迪罗"统治形式的文化思考》，《政治学研究》2004 年第 3 期。
8. 梼杌：《中国与乌拉圭经贸发展进入快车道》，《中国对外贸易》2018 年第 12 期。
9. 周瑞芳：《乌拉圭总统桑吉内蒂》，《现代国际政治关系》1997 年 3 期。
10. DICTANSE NORMAS REFERIDAS AL USO INDEBIDO DEL PODER PÚBLICO, 23 de diciembre de 1998.

三、网站

1. Capítulo Oriental, http://www.periodicas.edu.uy/v2/minisites/capitulo-oriental/indice-de-numeros.htm
2. Enciclopedia Uruguaya, http://www.periodicas.edu.uy/v2/minisites/enciclopedia-uruguaya/indice-de-numeros.htm
3. Julio Ortiz de Zárate, "Julio María Sanguinetti Coirolo", https://www.cidob.org/biografias_lideres_politicos/america_del_sur/uruguay/julio_maria_sanguinetti_coirolo, Barcelona Centre for International Affairs (CIDOB), actualización: 3 de marzo de 2016.
4. Julio Ortiz de Zárate, "Luis Alberto Lacalle Herrera", https://www.cidob.org/biografias_lideres_politicos/america_del_sur/uruguay/luis_alberto_lacalle_herrera/(language)/esl-ES, Barcelona Centre for International Affairs (CIDOB), actualización: 3 de diciembre de 2019.
5. Julio Ortiz de Zárate, "Jorge Luis Batlle Ibáñez", https://www.cidob.org/biografias_lideres_politicos/america_del_sur/uruguay/luis_alberto_lacalle_herrera/(language)/esl-ES, Barcelona Centre for International Affairs (CIDOB), actualización: 28 de noviembre de 2016.
6. Julio Ortiz de Zárate, "Tabaré Vázquez Rosas", https://www.cidob.org/biografias_lideres_politicos/america_del_sur/uruguay/tabare_vazquez_rosas/(language)/esl-ES, Barcelona Centre for International Affairs (CIDOB), actualización: 21 de noviembre de 2016.
7. Julio Ortiz de Zárate, "José Mujica Cordano", https://www.cidob.org/biografias_lideres_politicos/america_del_sur/uruguay/jose_mujica_cordano/(language)/esl-ES, Barcelona Centre for International Affairs (CIDOB), actualización: 4 de diciembre de 2019.
8. RAU, https://www.rau.edu.uy/uruguay/
9. 环球网: https://finance.huanqiu.com/article/9CaKrnJXlDX?qq-pf-to=pcqq.c2c, 更新于2016年8月30日。
10. 人民网: http://www.people.com.cn/GB/historic/1027/3598.html, 更新于2003年8月1日。
11. "乌拉圭:制度建设是反腐良药",海外观察,中央纪委国家监委网站, http://www.ccdi.gov.cn/lswh/hwgc/201412/t20141216_121928.html, 更新于2014年12月16日。

12. 体坛周报：https://baijiahao.baidu.com/s?id=1636373029057008341&wfr=spider&for=pc，更新于 2019 年 6 月 15 日。

13. 搜狐网：https://www.sohu.com/a/139860434_799606，更新于 2017 年 5 月 11 日。

14. 中国贸促会驻墨西哥代表处网站：http://www.ccpit.org/Contents/Channel_3945/2018/0809/1044919/content_1044919.htm，更新于 2018 年 8 月 9 日。

15. 中国商务部网站：http://www.mofcom.gov.cn/article/i/jyjl/l/201910/20191002908242.shtml，更新于 2019 年 10 月 29 日。

16. 中国外交部网站：https://www.fmprc.gov.cn/，更新于 2019 年 11 月。

17. 中国领事服务网：https://www.cs.mfa.gov.cn/，更新于 2020 年 4 月。

18. 中华人民共和国驻乌拉圭东岸共和国大使馆：http://uy.china-embassy.org/，更新于 2018 年 7 月。

19. 新华网：www.xinhuanet.com/，更新于 2020 年 3 月。

20. 央视新闻网：http://news.cctv.com/，更新于 2020 年 4 月。

21. 21 经济网：www.21jingji.com/，更新于 2019 年 4 月。

22. 世界银行网站：https://www.bancomundial.org/，更新于 2019 年 10 月。

23. 乌拉圭 21 世纪投资贸易委员会：https://www.uruguayxxi.gub.uy/，更新于 2020 年 5 月。

24. 乌拉圭央行：https://www.bcu.gub.uy/，更新于 2020 年 4 月。

25. 乌拉圭教育文化部：https://www.gub.uy/ministerio-educacion-cultura/，更新于 2020 年 2 月。

26. 乌拉圭公共卫生部：https://www.gub.uy/ministerio-salud-publica/，更新于 2020 年 4 月。

27. 乌拉圭总统府：https://www.presidencia.gub.uy/，更新于 2019 年 10 月。

28. 乌拉圭作家数据库：https://autores.uy/fuente/49?page=0，更新于 2017 年。

29. 乌拉圭《观察报》：https://www.elobservador.com.uy/，更新于 2019 年 8 月。

图书在版编目(CIP)数据

乌拉圭：钻石之国的历史与文化 / 张笑寒著. —上海：上海社会科学院出版社，2020
 ISBN 978-7-5520-3093-8

Ⅰ.①乌… Ⅱ.①张… Ⅲ.①乌拉圭—概况 Ⅳ.①K978.2

中国版本图书馆 CIP 数据核字（2020）第 099735 号

乌拉圭：钻石之国的历史与文化

著　　者：张笑寒
责任编辑：温　欣
封面设计：周清华
出版发行：上海社会科学院出版社
　　　　　上海顺昌路 622 号　邮编 200025
　　　　　电话总机 021-63315947　销售热线 021-53063735
　　　　　http://www.sassp.cn　E-mail：sassp@sassp.cn
照　　排：南京前锦排版服务有限公司
印　　刷：上海龙腾印务有限公司
开　　本：890 毫米×1240 毫米　1/32
印　　张：8.25
字　　数：169 千字
版　　次：2020 年 11 月第 1 版　2020 年 11 月第 1 次印刷

ISBN 978-7-5520-3093-8/K·564　　定价：65.00 元

版权所有　翻印必究